DERRIBANDO
FORTALEZAS

DEREK PRINCE

DERRIBANDO
FORTALEZAS

WHITAKER
HOUSE

Nota editorial: Este libro fue compilado del extenso archivo de materiales no publicados de Derek Prince y aprobado por el equipo editorial de Derek Prince Ministries.

Traducción al español realizada por:
Belmonte Traductores
Manuel de Falla, 2
28300 Aranjuez
Madrid, ESPAÑA
www.belmontetraductores.com

DERRIBANDO FORTALEZAS

(Publicado originalmente en inglés bajo el título: *Pulling Down Strongholds*)

Derek Prince Ministries
P.O. Box 19501
Charlotte, North Carolina 28219-9501
www.derekprince.org

ISBN: 978-1-60374-934-3
eBook ISBN: 978-1-60374-935-0
Impreso en los Estados Unidos de América
© 2013 por Derek Prince Ministries–International

Whitaker House
1030 Hunt Valley Circle
New Kensington, PA 15068
www.whitakerhouse.com

Por favor, envíe sugerencias sobre este libro a: comentarios@whitakerhouse.com.

1 2 3 4 5 6 7 8 9 10 11 ⥊ 19 18 17 16 15 14 13

CONTENIDO

INTRODUCCIÓN

¿Es usted consciente de que existe una guerra invisible librándose a su alrededor? ¿Y sabe que está destinado a luchar en esa guerra?

Dos reinos espirituales en conflicto

El ministerio de Jesucristo en la tierra demostró el hecho básico de que hay dos reinos espirituales invisibles que están en guerra entre sí: uno es el reino de Dios, y el otro es el reino de Satanás.

Incluso una lectura informal del Nuevo Testamento revela, de manera innegable, que Jesús participó de manera regular y eficaz en lo que podría denominarse como "guerra espiritual". El propósito de este libro es examinar el concepto de la guerra espiritual como un aspecto evidente y claramente identificable de la vida cristiana. En el proceso, estableceremos algunas pautas para ayudarnos a luchar la guerra espiritual de manera eficaz como seguidores de Jesucristo.

Como cristiano, probablemente no dudaría usted en afirmar el concepto de que Dios tiene un reino. Lo que podría ser más problemático para usted (y de lo que quizá aún no se haya dado cuenta) es la realidad de que Satanás también tiene un reino. Sin duda alguna lo tiene, y es crucial para usted, como cristiano creyente, que entienda la naturaleza de su reino y cómo opera.

Reclutado para la guerra

Si usted es un ciudadano del reino de Dios mediante la fe en Cristo, automáticamente se encuentra en guerra con el reino de Satanás. Muchas personas no reconocen este hecho, así que permítame ilustrar el punto. Supongamos que yo fuera un ciudadano de Australia, y mi país entrara en guerra, Dios no lo quiera, con Nueva Zelanda. (¡Esperamos que este tipo de conflicto nunca llegue a ocurrir!). Pero si ocurriera, entonces como ciudadano de Australia, yo estaría automáticamente en guerra con Nueva Zelanda, porque pertenecería a una nación que estaba en guerra con otra nación.

Y ocurre lo mismo con nosotros como ciudadanos del reino de Dios. Como el reino de Dios está en guerra con el reino de Satanás, y nosotros somos ciudadanos del reino de Dios, entonces no tenemos otra opción: estamos inevitablemente involucrados en la guerra con el reino de Satanás.

Debido a que ya estamos en esta guerra, descubramos la respuesta a las preguntas básicas, y más: (1) ¿Por qué hay guerra espiritual? (2) ¿Contra quién se está luchando? (3) ¿De qué bando estamos alineados? (4) ¿Cómo podemos luchar la guerra espiritual con discernimiento y eficacia?

Parte I

Una guerra espiritual invisible

CAPÍTULO UNO

GUERRA ABIERTA

Para comenzar nuestro estudio sobre la naturaleza de la guerra espiritual, examinaremos un pasaje de Mateo 12. El trasfondo de este relato es que Jesús acababa de sanar a un hombre echando fuera el espíritu maligno que le había hecho estar ciego y mudo.

La realidad de los espíritus malignos

Antes de seguir avanzando, permítame destacar que incluso en el mundo moderno de hoy, los espíritus malignos hacen que las personas estén ciegas, sordas y mudas. Mi esposa Ruth y yo descubrimos esta realidad cuando estábamos en Pakistán hace unos cuantos años. Aunque Pakistán es una nación musulmana en un 98 por ciento, Dios nos abrió una puerta maravillosa para ministrar y nos dio la libertad de realizar reuniones públicas. Asistieron hasta 16.000 personas a nuestras reuniones. Esa enorme asistencia se debía solo a una razón: habían escuchado que íbamos a orar por los enfermos. Esa fue la única razón por la que llegaron la mayoría de las personas.

Mientras ministrábamos a las personas en una reunión, Ruth y yo nos acercamos a una multitud de hombres que estaban de pie delante de nosotros, esperando recibir oración. Un hombre se tocó las orejas y luego su lengua. No sabíamos hablar su idioma, pero entendí lo que estaba haciendo: estaba indicándonos que era sordomudo. Yo sabía, en teoría, bíblicamente qué hacer, y pensé: *Lo haré y veré qué sucede*. Dije: "Tú, espíritu de sordomudez que estás en este hombre, te hablo a ti y no a este hombre. ¡En el nombre del Señor Jesús, te ordeno que salgas de él!". Después me dirigí al hombre: "Ahora, diga algo". Y de inmediato, me escuchó. No entendía inglés, pero pudo oír mi voz, y comenzó a hacer sonidos. Le condujeron hasta la plataforma y les dijo a los asistentes que había sido liberado del espíritu de sordomudez. Y me dije a mí mismo: *¡Este enfoque funciona!*

Durante los siguientes diez minutos, Ruth y yo fuimos buscando a personas sordomudas; en Pakistán no son difíciles de encontrar. Ese día, vimos al menos diez personas liberadas de la enfermedad de sordomudez cuando ese espíritu maligno en particular fue expulsado de ellas. Comparto esta historia porque la liberación de un demonio no es una teoría, ni una tradición anticuada. Es una realidad viva y actual.

El reino de Dios contra el reino de Satanás

Regresando ahora a Mateo 12, leamos lo que ocurrió cuando Jesús estableció el patrón para la actividad de liberación, tal y como Ruth y yo ministramos en Pakistán:

> *Mas los fariseos, al oírlo* [que Jesús había liberado a un hombre poseído por un espíritu ciego y mudo], *decían: Este no echa fuera los demonios sino por Beelzebú, príncipe de los demonios.* (Mateo 12:24)

¡Los fariseos hicieron una acusación terrible! En verdad dijeron: "Él echa fuera demonios porque Él está asociado con el gobernador de los demonios". Jesús les respondió:

> *Todo reino dividido contra sí mismo, es asolado, y toda ciudad o casa dividida contra sí misma, no permanecerá. Y si Satanás echa fuera a Satanás, contra sí mismo está dividido; ¿cómo, pues, permanecerá su reino?* (Mateo 12:25–26)

En este pasaje, Jesús dijo muy claramente que Satanás tiene un reino, y que no está dividido. Después siguió hablando acerca del reino de Dios:

> *Y si yo echo fuera los demonios por Beelzebú, ¿por*
> *quién los echan vuestros hijos? Por tanto, ellos se-*
> *rán vuestros jueces. Pero si yo por el Espíritu de*
> *Dios echo fuera los demonios, ciertamente ha llega-*
> *do a vosotros el reino de Dios.* (Mateo 12:27–28)

A través del ministerio de liberar a las personas de espíritus malignos, el conflicto entre los dos reinos entra en escena. En el pasaje anterior, el reino invisible de Satanás está representado por los demonios; el reino invisible de Dios está representado por Jesús, y nosotros somos llamados a seguir su ministerio en su nombre. (Véase, por ejemplo, Juan 14:12).

Yo creo que Satanás particularmente teme el ministerio de liberación por dos razones: Primero, porque pone al descubierto su reino invisible. Él preferiría mucho más que se mantuviera en secreto. Segundo, porque demuestra la supremacía y la victoria del reino de Dios sobre el reino de Satanás. Comencé deliberadamente nuestro examen del tema de la guerra espiritual con este pasaje en Mateo 12 para enfatizar y establecer ante usted lo que claramente revela el Nuevo Testamento: dos reinos espirituales invisibles que están en guerra entre sí: el reino de Dios y el reino de Satanás.

CAPÍTULO DOS

UN REINO SATÁNICO ALTAMENTE ORGANIZADO

Para ver una breve descripción del reino de Satanás y su sede central, vamos ahora a una afirmación que hizo Pablo que es definitivamente la clave en nuestro estudio de la guerra espiritual:

> Porque no tenemos lucha contra sangre y carne, sino contra principados, contra potestades, contra los gobernadores de las tinieblas de este siglo, contra huestes espirituales de maldad en las regiones celestes.　　　　　　　　(Efesios 6:12)

Para ayudarnos en nuestro entendimiento de lo que Pablo estaba diciendo acerca de la guerra espiritual, me gustaría darle la "Versión Prince" ampliada. Quizá pregunte: "¿Está Derek Prince calificado para hacer eso?". Bien, he estudiado griego desde que tenía diez años, y estoy calificado para enseñar a nivel universitario. Eso no significa necesariamente que siempre tenga razón, pero creo que puedo ofrecer una opinión informada. Por tanto, aquí está la "Versión Prince" de Efesios 6:12:

> Porque no tenemos lucha contra "personas con cuerpos"....

La frase "personas con cuerpos" se deriva de otra versión en inglés, la cual describe las fuerzas satánicas como "personas *sin* cuerpo" (Efesios 6:12). Pienso que esta descripción aporta algunas ideas valiosas. Estamos en una lucha, pero estamos luchando con seres que no tienen cuerpos. No son seres humanos; no tienen "*sangre y carne*", como nosotros. Entender esta realidad hace que inmediatamente ajustemos nuestro pensamiento, porque no estamos acostumbrados al concepto de personas sin cuerpo (aunque hay multitud de "personas" así en el universo).

Gobernadores con autoridad

Para continuar con la "Versión Prince":

> ... sino contra gobernadores con varias áreas y órdenes descendentes de autoridad.

Vemos en este pasaje que el reino de Satanás está altamente organizado. Hay gobernadores en su reino, cada uno con un área concreta de responsabilidad. Por debajo de cada uno de estos gobernadores existen subgobernadores responsables de subáreas en ese reino.

Al principio, podría parecer como si Satanás fuera muy listo a la hora de planificar tal organización, pero no es el caso. La mayoría de los eruditos creen que antes de que Satanás cayera, cuando era aún un ángel poderoso de Dios, estaba a cargo de una tercera parte de los ángeles. Él guió a esos ángeles en rebelión contra Dios, y juntos, fueron expulsados del cielo. Entonces Satanás simplemente formó un reino rival, manteniendo la estructura organizativa que él y sus ángeles habían seguido cuando eran parte del reino de Dios. Así, Satanás no tiene mérito por su organización extremadamente astuta.

Dominadores mundiales de la oscuridad

Resumiré la primera parte de Efesios 6:12 en la "Versión Prince" y luego continuaré con ella:

Porque no tenemos lucha contra "personas con cuerpo" sino contra gobernadores con varias áreas y órdenes descendentes de autoridad, contra los dominadores mundiales de la presente oscuridad...

Uso deliberadamente la palabra *dominadores* traduciéndola del griego, porque es una palabra poderosa.

También la escojo porque Dios nunca domina a nadie. Siempre que se encuentre con la dominación, puede estar seguro de que eso es satánico. No es así como Dios gobierna a las personas.

La ambición de Satanás, sin embargo, es dominar al mundo entero. ¿Entiende usted eso? Él no está contento con dominar una pequeña parte de la humanidad. Él está decidido a gobernar todo el mundo mediante su reino de oscuridad.

En general, las personas que están actualmente en el reino de Satanás no se dan cuenta de dónde están en realidad, porque es un reino de oscuridad, y no pueden "verlo". Por el contrario, el reino de Dios es el reino de la luz; por lo tanto, los que están en su reino saben dónde están.

Huestes espirituales de maldad

Esta es la frase final en la "Versión Prince" de Efesios 6:12:

… contra huestes espirituales de maldad en los lugares celestiales (regiones celestes).

La palabra *huestes* es la palabra que se usaba antiguamente para *ejército*. Así, según este versículo, hay ejércitos enormes de seres satánicos, personas sin cuerpo, formados para la batalla contra nosotros. Es importante que sepamos esto, ¿no cree? Si verdaderamente entendemos la naturaleza y el ámbito de las fuerzas contra las que luchamos, eso ajustará nuestra perspectiva y transformará nuestra vida.

Entendamos los "lugares celestiales"

Examinemos ahora la afirmación de Pablo de que el cuartel general de Satanás está en los lugares celestiales. Hay una idea equivocada muy extendida entre muchos miembros de iglesias que hablan como si Satanás estuviera en el infierno. El infierno es un lugar de reclusión, debajo de la superficie de la tierra, para personas malvadas. Este es mi comentario sobre esta idea equivocada: sería muy bonito si Satanás estuviera en el infierno, pero no lo está. Él está muy presente aquí en la tierra, es extremadamente activo, y su reino está en los lugares celestiales.

Quizá piense: *¿Acaso no acaba de decir que Satanás y sus ángeles fueron expulsados del cielo?* Sí, es cierto. Sin embargo, la clave para entender la localización del reino de Satanás es reconocer que la Biblia enseña que hay más cielos que aquel del que normalmente hablamos. Es absolutamente esencial entender esta realidad.

El primer versículo de la Biblia dice: *"En el principio creó Dios los cielos* [plural] *y la tierra* [singular]" (Génesis 1:1).

Desde el mismo comienzo de la Biblia, tenemos esta revelación de que hay más de un cielo.

Dos pasajes del Nuevo Testamento confirman claramente este punto. El primero es 2 Corintios 12:2–4,
en el que Pablo estaba escribiendo acerca de personas
que él sabía que habían tenido unas experiencias espirituales maravillosas. Mencionó en particular a una persona que había sido arrebatada de la tierra a los lugares
celestiales. Pablo además dijo que no sabía si la persona
había tenido esa experiencia dentro o fuera de su cuerpo.

> *Conozco a un hombre en Cristo, que hace catorce*
> *años (si en el cuerpo, no lo sé; si fuera del cuerpo,*
> *no lo sé; Dios lo sabe) fue arrebatado hasta el **ter-***
> ***cer cielo**. Y conozco al tal hombre (si en el cuerpo,*
> *o fuera del cuerpo, no lo sé; Dios lo sabe), que fue*
> *arrebatado al paraíso, donde oyó palabras inefa-*
> *bles que no le es dado al hombre expresar.*
>
> (2 Corintios 12:2–4)

Observe que Pablo dijo que este cristiano "*fue arre-*
batado hasta el tercer cielo". También dijo que "*fue arre-*
batado al paraíso", lo cual pareciera sugerir que el "*paraí-*
so" está en el tercer cielo. Ya que, en el tercer cielo, este
hombre oyó las palabras de Dios, el tercer cielo (paraíso)
aparentemente sería el lugar donde Dios habita.

Yo soy muy lógico; no puedo escapar de la lógica, y un hecho del que estoy convencido es este: si hay un tercer cielo, entonces debe de haber un primero y un segundo. Nunca ha existido una tercera cosa de algo sin que haya una primera y una segunda. Por lo tanto, este versículo nos dice que hay al menos tres cielos. Esto es lo que creo (véase también, por ejemplo, Deuteronomio 10:14; Nehemías 9:6).

"Todos los cielos"

Otro versículo que deduce la existencia de más de un cielo es Efesios 4:10. Hablando de lo que le ocurrió a Jesús en su muerte y resurrección, Pablo escribió:

> *El que descendió* [al infierno], *es el mismo que también subió por encima de todos los cielos para llenarlo todo.*   (Efesios 4:10)

Observe que Pablo dijo: "[Jesús] *subió por encima de* **todos** *los cielos*".

Cuando yo enseñaba inglés como segundo idioma en África, descubrí que hay ciertos aspectos de la gramática inglesa que pueden ser bastante confusos. Quizá usted mismo haya batallado con algunos de ellos. Uno de estos obstáculos es el uso de la palabra *all* [todo/a(s)], porque no se puede usar en ciertas situaciones.

Por ejemplo, un día, un alumno se acercó a mí y me dijo: "Por favor, señor, todos mis padres han venido a verme". Yo le dije: "Bueno, entiendo lo que dice, pero está usando la palabra incorrecta. No puede tener más de dos padres [aunque alguien podría tener dos padres y dos padrastros], y no puede usar la palabra *todos* para menos de tres personas".

Así, cuando Pablo dijo que Jesús subió *"por encima de todos los cielos"*, entiendo que significa que deben de haber existido (y aún existen) al menos tres cielos.

No estoy afirmando que mi opinión sea necesariamente la única correcta, pero he llegado a la conclusión de que el tercer cielo es el cielo donde Dios habita. Es el cielo santo. Recuerde que Dios habita por encima incluso del cielo. La Biblia afirma este hecho en muchos lugares (véase, por ejemplo, 1 Reyes 8:27; 2 Crónicas 2:6; 6:18; Salmos 8:1; Hebreos 7:26). Por lo tanto, sugeriría que el primer cielo podría ser el cielo visible que vemos, el cielo que hay encima de nosotros, con nubes. Después, queda un segundo cielo, aunque nunca se le llama así, que está en algún lugar entre el cielo visible y el cielo donde Dios habita. Creo que este segundo cielo es "los lugares celestiales" o las "regiones celestes" en las que está situado el reino de Satanás.

Quizá piense que soy muy ingenuo, pero permítame ofrecerle la siguiente teoría. Durante el transcurso de mi ministerio, he viajado mucho en avión. Una vez, en un vuelo de Nueva Zelanda a Singapur, Ruth y yo volábamos a una altitud de 12.000 metros, que es mucha, mucha altura. A esa altitud, tuve la sensación de que estaba por encima del reino de Satanás. Me pareció que era más fácil orar. No tuve que luchar contra oposición alguna.

Esa podría ser totalmente una impresión mía subjetiva, pero en algún lugar entre el dominio celestial de Dios y nosotros hay un reino hostil que se nos opone y pretende obstaculizar nuestras oraciones. Y por esa razón a veces tenemos que luchar para conseguir atravesar el territorio enemigo cuando oramos. No es que estemos orando fuera de la voluntad de Dios, o que Dios no quiera oírnos, sino que tenemos que atravesar un reino hostil en los lugares celestiales para llegar hasta Él.

CAPÍTULO TRES

GUERRA EN LOS LUGARES CELESTIALES

En vez de especular sobre este asunto de nuestra batalla en las regiones celestiales, veamos el relato bíblico de la batalla de Daniel en oración en los capítulos 10 al 12 del libro de Daniel. Este relato ilustra claramente el principio de que debemos atravesar el reino hostil de Satanás con nuestras oraciones. No examinaremos la narrativa completa, pero si le interesa, haría bien en leer estos tres capítulos por su cuenta.

Oposición de los ángeles satánicos

Al comienzo del capítulo 10 de Daniel, vemos que Daniel había apartado un periodo de tres semanas como un tiempo especial de oración y ayuno. Muchos cristianos llaman a este tipo de ayuno que hizo Daniel el "ayuno de Daniel". No dejó de comer por completo, sino que comía una dieta que consistía simplemente en frutas y verduras. No comía carne ni bebía vino.

En su ayuno, Daniel estaba de duelo delante de Dios por su pueblo Israel, que estaba en cautiverio a manos de un imperio gentil. Al final de tres semanas, un ángel glorioso, Gabriel, llegó a él con la respuesta a sus oraciones y una revelación de Dios (explicada en Daniel 11 y 12) con respecto al futuro de su pueblo.

Leamos el anuncio del ángel.

Entonces [el ángel Gabriel] *me dijo: Daniel, no temas; porque desde el primer día que dispusiste tu corazón a entender y a humillarte en la presencia de tu Dios, fueron oídas tus palabras; y a causa de tus palabras yo he venido. Mas el príncipe del reino de Persia se me opuso durante veintiún días; pero he aquí Miguel, uno de los principales príncipes, vino para ayudarme, y quedé allí con los reyes de Persia.* (Daniel 10:12–13)

Para parafrasearlo, el ángel estaba diciendo: "Desde el primer día que comenzaste a orar, fuiste oído, y me enviaron con la respuesta a tu oración. Pero tardé tres semanas en llegar hasta ti, porque en algún lugar entre el trono de Dios y tú, encontré la oposición de los ángeles satánicos. Tuve que pelear para conseguir abrirme hueco entre esos ángeles".

Un reino obstructor

Está muy claro que en los tiempos de Daniel, el reino satánico estaba situado en algún lugar entre el trono de Dios y la tierra. Repito: este hecho no ha cambiado. Estaba ahí cuando Pablo escribió Efesios 6:12, que fue al menos treinta años después de la muerte, resurrección y ascensión de Jesús. En otras palabras, sea cual haya sido la estructura organizativa del reino de Satanás, no cambió con la muerte, resurrección y ascensión de Jesús. Jesús ascendió muy por encima del reino de Satanás, pero el reino de Satanás permaneció en su lugar.

Más adelante en el texto, el ángel Gabriel le dijo a Daniel, en efecto: "He llegado con la respuesta a tu oración. Pero cuando me vaya, voy a tener que volver a luchar con los mismos ángeles. Después, voy a tener que luchar contra otros ángeles satánicos" (véase Daniel 10:20).

El ángel dijo que mientras estaba de camino a Daniel, el príncipe del reino de Persia se le había opuesto durante veintiún días. Así, durante veintiún días esos ángeles estuvieron batallando en los lugares celestiales.

Gabriel también habló acerca de *"los reyes de Persia"*. En el lenguaje de la *Reina Valera 1960*, la palabra *"príncipe"* denota un gobernante supremo. Los *"reyes"* eran subgobernantes. Estos gobernantes estaban ocupados con el imperio de Persia, que en ese tiempo era el imperio más grande y poderoso de la tierra, con 127 provincias. Así, Satanás tenía un "súper ángel" como responsable ante él de todo el reino de Persia. Pero este ángel malvado tenía autoridad sobre otros ángeles que eran responsables de varias áreas dentro del reino de Persia. Como había ciudades principales en el imperio persa, probablemente había un subángel sobre cada una de esas grandes ciudades del imperio.

Influencias espirituales malignas

Para mí, el concepto de entidades demoniacas que gobiernan ciudades no es una mera teoría. He visto en mi propio ministerio cómo opera este principio. Al viajar de ciudad en ciudad y de lugar en lugar, he aprendido que para ser eficaz en el ministerio en una cierta localidad, a menudo debo identificar el poder satánico concreto que está operando en esa ciudad; y es diferente en cada ciudad.

Para ahondar más en este concepto, permítame también destacar que había muchas nacionalidades distintas dentro del imperio persa. Mi observación es que hay a menudo un rey satánico concreto sobre un grupo étnico específico. En los Estados Unidos, que está compuesto por una gran variedad de grupos étnicos, tengo la clara impresión de que diferentes grupos étnicos tienen diferentes poderes satánicos sobre ellos. Al tratar con esos grupos étnicos espiritualmente, es muy importante identificar el poder que hay sobre ellos.

Por ejemplo, hay una gran población afroamericana en América. Amo a estos hermanas y hermanos. Tengo una hija afroamericana. Pero muchos de ellos son descendientes de personas que fueron llevadas a América como esclavos. Opino que si su antepasado fue un esclavo, quizá haya sido políticamente emancipado, pero si nunca ha sido espiritualmente emancipado, permanecerá bajo un espíritu de esclavitud. He compartido este concepto con americanos de color que han estado de acuerdo conmigo en que puede que esa sea la razón por la que algunos cristianos de color solo progresan hasta cierto punto, y luego algo parece detenerles.

Aplicando este principio de manera más extensa, cuando Pablo habló en Romanos 8 acerca de un *"espíritu de esclavitud"*, dijo que nosotros no hemos *"recibido el espíritu de esclavitud para estar otra vez en temor"* (Romanos 8:15), sino que recibimos el Espíritu de Dios, quien nos hace *"hijos de Dios"* (versículo 16). Si usted observa el contexto, el tipo de esclavitud del que está hablando es el legalismo religioso, personas cuya religión consistía en un conjunto de reglas: "Haz esto". "No hagas aquello".

Mi opinión es que muchos afroamericanos batallan con el legalismo; les cuesta conocer la verdadera libertad de la gracia de Dios. La razón es que no se ha tratado adecuadamente con el espíritu de esclavitud, y aún tiene una medida de control sobre ellos. Como grupo, nunca han sido liberados espiritualmente.

De igual modo, otro grupo en los Estados Unidos que mencionaré es el de americanos nativos. En gran parte, los Estados Unidos es un país de libertad donde casi cualquiera puede prosperar debido a la naturaleza de la economía y la cultura. Una persona no tiene que adquirir un título educativo avanzado para prosperar. Sin embargo, como grupo, los americanos nativos no han prosperado. Muchos de ellos viven en pobreza, y espiritualmente muchos de ellos siguen en tinieblas. Un número de ellos son poderosos practicantes de la brujería. Es una tragedia, pero creo que hasta que alguien con visión espiritual entienda la raíz del problema de los nativos americanos y esté preparado para involucrarse en la guerra espiritual necesaria para liberarlos, seguirán en esclavitud.

Creo que si medita en lo que estoy diciendo, comenzará a ver el mismo principio general operando en varios grupos en naciones por todo el planeta como una manifestación de guerra espiritual.

Principios espirituales de la experiencia de Daniel

Al final del décimo capítulo de Daniel, aprendemos otro factor clave con respecto a esta guerra en los lugares celestiales. En el versículo 20, el ángel básicamente le había dicho a Daniel: "Cuando te deje, tendré que volver a luchar con el príncipe del reino de Persia, y luego tendré que luchar con el príncipe del reino de Grecia". ¿Por qué Persia y Grecia? Porque eran dos de los cuatro imperios gentiles que dominaban al pueblo de Dios de Israel y su tierra, incluyendo la ciudad de Jerusalén, durante y después de la cautividad. Cuatro imperios gentiles sucesivos dominaron Israel: Babilonia, Persia, Grecia y Roma. En tiempos de Daniel, Persia era aún el imperio dominante, pero el siguiente sería Grecia.

El lugar donde la batalla es espiritualmente más intensa es dondequiera que se centren los asuntos del reino de Dios. Donde esté Dios obrando, encontrará a Satanás obrando también. El nombre del enemigo esencialmente significa "el que resiste". ¡Qué cierto es! Él resiste los propósitos de Dios y a su pueblo. No puede evitarlo, ya que es esclavo de su propia naturaleza.

Es crucial que llevemos a cabo una guerra espiritual para que los propósitos de Dios para su pueblo se cumplan. Daniel es un maravilloso ejemplo de alguien que, mediante la oración y el ayuno, afectó la historia y el destino de su pueblo.

Como un breve resumen, leamos varios pasajes de Daniel 10, y luego añadiré algún comentario con respecto a la guerra espiritual.

> En aquellos días yo Daniel estuve afligido por espacio de tres semanas. No comí manjar delicado, ni entró en mi boca carne ni vino, ni me ungí con ungüento, hasta que se cumplieron las tres semanas. (Daniel 10:2–3)

Observe que el periodo de tres semanas queda enfatizado, tras el cual el ángel Gabriel llegó hasta él e hizo varias declaraciones, siendo las más destacadas las que encontramos en los siguientes versículos:

> Daniel, no temas; porque desde el primer día que dispusiste tu corazón a entender y a humillarte en la presencia de tu Dios, fueron oídas tus palabras; y a causa de tus palabras yo he venido. Mas el príncipe del reino de Persia se me opuso durante veintiún días; pero he aquí Miguel, uno de los principales príncipes, vino para ayudarme, y quedé allí con los reyes de Persia. (Daniel 10:12–13)

El ángel de Dios sufrió la oposición del príncipe del reino de Persia durante veintiún días. Al final, otro de los ángeles de Dios, el arcángel Miguel, tuvo que acudir y unirse al conflicto. En un capítulo posterior de Daniel, a Miguel se le llama *"el gran príncipe que está de parte de los hijos de tu pueblo [Israel]"* (Daniel 12:1). Con respecto a la interpretación bíblica, verá que esta información es muy útil: siempre que Miguel aparece en escena, Israel está en el centro del escenario en la historia humana. Esto se debe a que él es el ángel en particular que tiene la tarea de cuidar de Israel. (Y créame, ese es un duro trabajo).

Gabriel después le dijo a Daniel:

> *¿Sabes por qué he venido a ti? Pues ahora tengo que volver para pelear contra el príncipe de Persia; y al terminar con él, el príncipe de Grecia vendrá.*
>
> (Daniel 10:20)

El ángel indicó que Grecia sería el siguiente imperio gentil cuyo principado encontraría en guerra espiritual. Por este relato, entendemos que detrás de la historia de estos imperios humanos había fuerzas satánicas actuando que eran las explicaciones reales de lo que ocurría en ellos y con ellos. Usted no puede entender plenamente la historia humana si solo observa el plano horizontal, el nivel humano. Las fuerzas que verdaderamente determinan los destinos de las naciones y las personas están obrando en los lugares celestiales.

Después Gabriel dijo:

Pero yo te declararé lo que está escrito en el libro de la verdad; y ninguno me ayuda contra ellos, sino Miguel vuestro príncipe. (Daniel 10:21)

Una vez más, vemos la referencia al papel vital del arcángel Miguel. Avancemos al primer versículo del siguiente capítulo, que de hecho es parte del mismo mensaje:

Y yo mismo, en el año primero de Darío el medo, estuve para animarlo y fortalecerlo. (Daniel 11:1)

El versículo anterior es un claro ejemplo de la intervención de ángeles en la historia humana. ¿Por qué el ángel de Dios ayudó a Darío? La respuesta es clara. El pueblo de Dios, Israel, había sido capturado y esclavizado a manos del imperio de Babilonia, pero Darío era el gobernador del imperio persa que destruyó el imperio babilonio y liberó al pueblo de Dios para que regresara a su propia tierra. Este era el propósito de Dios.

Por lo tanto, recordemos que detrás de todas las fuerzas humanas que están involucradas en un plano horizontal, hay un plano vertical en el que las fuerzas angelicales, tanto los ángeles de Dios como los ángeles de Satanás, están actuando. La historia humana se explica verdaderamente por la interacción de estas fuerzas.

Poder espiritual otorgado

¿Por qué nosotros, como cristianos, somos importantes para el proceso de la guerra espiritual? Porque Dios nos ha dado a nosotros, y solo a nosotros, el armamento con el que podemos intervenir a favor de los que están siendo atacados por Satanás y su reino. Algunos gobernantes tienen vastos ejércitos y armas con los que confrontar a otras naciones o resistir sus ataques, pero solo la iglesia cristiana tiene el "hardware militar" para intervenir en la esfera espiritual en los lugares celestiales. Como hemos visto en el caso de Daniel, el que gana en los lugares celestiales finalmente determina el curso de la historia. Así, la acción más importante que puede usted llevar a cabo por la historia es ser un intercesor. Al hacerlo, orará por asuntos espirituales en los lugares celestiales que determinarán la historia de naciones sobre la tierra. Repito: la batalla angelical en el libro de Daniel, y la parte de Daniel en esa batalla mediante el ayuno y la oración, es un ejemplo perfecto de esta verdad.

Como destaqué anteriormente, quienes son ciudadanos del reino de Dios ya están involucrados en la guerra espiritual. No es opcional para ellos. La única decisión que podemos tomar es si seremos o no parte del reino de Dios mediante la fe en Jesucristo y la sumisión a su señorío. Si usted ya es parte de su reino, entonces está en guerra con el reino de Satanás. Usted simplemente necesita reconocer esta realidad, equiparse espiritualmente y aprender a luchar contra el reino de Satanás, porque si no lo hace, será una baja segura de la guerra espiritual. En el siguiente capítulo, exploraremos este asunto de equiparse espiritualmente y aprender a batallar.

CAPÍTULO CUATRO

SIETE ARMAS DE GUERRA

Si vamos a Efesios 6, encontraremos cómo estar equipados para la batalla espiritual examinando la advertencia del apóstol Pablo sobre este asunto, comenzando con el versículo 13. Pablo comenzó el versículo con un *"porque"*. En muchos de mis libros, he hablado del hecho de que cuando encontramos un "porque" en las Escrituras, usted necesita determinar "por qué" está ahí. En este caso, está ahí por el versículo 12, el cual leímos en el capítulo previo y que describe el reino de Satanás en los lugares celestiales, o *"regiones celestes"*:

> *Porque no tenemos lucha contra sangre y carne, sino contra principados, contra potestades, contra los gobernadores de las tinieblas de este siglo, contra huestes espirituales de maldad en las regiones celestes.* (Efesios 6:12)

Ahora que sabemos por qué está ahí ese "porque", leamos el siguiente versículo:

Por tanto, tomad toda la armadura de Dios, para que podáis resistir en el día malo, y habiendo acabado todo, estar firmes. (Efesios 6:13)

Este versículo está diciendo que se aproxima un día malo. Nos guste o no, en la vida de todas las personas siempre llega un día malo, y Pablo dijo que sería mejor que tuviéramos nuestra armadura puesta como preparación. Si resistiremos o no, dependerá de si nos hemos puesto o no el equipo necesario.

Armadura para la guerra espiritual

En Efesios 6:14–17, Pablo enumeró los elementos de la armadura espiritual que necesitamos, proporcionando un retrato de esta armadura del ejemplo de un legionario romano de su tiempo. Repasaremos brevemente los seis elementos principales de la armadura y luego hablaremos de un arma final y poderosa para derrotar a Satanás.

"Estad, pues, firmes, ceñidos vuestros lomos con la verdad" (Efesios 6:14). El cinturón espiritual que debemos llevar puesto alrededor de nuestra cintura es el cinto de la verdad.

"*Y vestidos con la coraza de justicia*" (Efesios 6:14). Una coraza cubre el pectoral y protege el corazón. Espiritualmente, la coraza que nos protege es la justicia, no la justicia de las obras humanas sino la justicia de la fe en Cristo.

"*Y calzados los pies con el apresto del evangelio de la paz*" (Efesios 6:15). Este versículo es una referencia a las sandalias que protegen sus pies para permitirle marchar lejos y rápido, algo que a menudo hacían los legionarios romanos. Nuestras sandalias espirituales son "*el apresto del evangelio de la paz*". ¿Cuál es una forma en que podemos estar listos para llevar el evangelio a otros? Pedro escribió: "*Estén siempre preparados para responder a todo el que les pida razón de la esperanza que hay en ustedes*" (1 Pedro 3:15, NVI).

"*Sobre todo, tomad el escudo de la fe, con que podáis apagar todos los dardos de fuego del maligno*" (Efesios 6:16). En la guerra romana, los soldados usaban un gran escudo, parecido a una puerta, el cual protegía todas las partes de su cuerpo de las flechas del enemigo. De forma similar, el "*escudo de la fe*" nos protegerá de los "*dardos de fuego*" del enemigo.

"*Y tomad el yelmo de la salvación*" (Efesios 6:17). El casco protege su cabeza. ¿Y qué representa su cabeza? Sus pensamientos. Dios sabe que es muy importante que protejamos nuestros pensamientos, así que Él nos ha provisto del yelmo de la salvación. Primera de Tesalonicenses 5:8 dice: "[Pongámonos] *la esperanza de salvación como yelmo*". La esperanza protege su mente. Debe ser optimista. Si es pesimista, su mente está abierta a los ataques de Satanás. Esto es algo que aprendí por experiencia propia. Yo nací y crecí siendo muy pesimista, y sufrí muchas agonías mentales hasta que aprendí que tenía que cambiar. Tuve que entrenarme para ponerme el yelmo que protegería mi mente.

"*Y tomad… la espada del Espíritu, que es la palabra de Dios*" (Efesios 6:17). Esto se refiere a la Palabra *hablada* de Dios.

Hasta el momento, hemos visto seis elementos del equipamiento. Todos ellos son armas defensivas, de protección, salvo la última. La espada, o la Palabra hablada de Dios, es un arma ofensiva, un arma de ataque. Sin embargo, una espada alcanza solo hasta donde pueda llegar el brazo, así que veamos ahora la séptima arma:

"*Orando en todo tiempo con toda oración y súplica en el Espíritu*" (Efesios 6:18). Podemos avanzar y asaltar el reino de Satanás en los lugares celestiales con el arma de "*toda oración*" en el Espíritu. Este séptimo elemento del equipamiento para la guerra es lo que yo llamo "el misil balístico intercontinental de Dios".

Repasemos entonces estos siete elementos del equipamiento que debemos usar en la guerra espiritual:

1. El cinturón de la verdad

2. La coraza de la justicia

3. Las sandalias del apresto del evangelio de la paz

4. El escudo de la fe

5. El yelmo de la salvación

6. La espada del Espíritu

7. Toda oración

Parte II

Derrotando al "hombre fuerte"

Capítulo cinco

Atando al hombre fuerte

En este capítulo, llegamos al quid de la cuestión de la guerra espiritual. Regresando a nuestro texto inicial en Mateo 12, le mostraré un versículo más que espero estimule su pensamiento. Realmente, eso es lo único que puedo hacer, pero ya es bastante. Si la iglesia tan solo comenzara a pensar, no podría ser derrotada. Siempre me ha impresionado el hecho de que Martín Lutero comenzara la Reforma protestante clavando noventa y cinco tesis en la puerta de la iglesia en Wittenberg. No podía clavar todas las respuestas, tan solo consiguió que todos comenzaran a pensar. Cuando comenzaron a pensar, las cosas cambiaron. Así de importante es que nosotros aprendamos a pensar.

Una perspectiva clave para la guerra

En Mateo 12:29, Jesús dio una perspectiva clave con respecto a la guerra entre el reino de Dios y el reino de Satanás:

> *Porque ¿cómo puede alguno entrar en la casa del hombre fuerte, y saquear sus bienes, si primero no le ata? Y entonces podrá saquear su casa.*
>
> (Mateo 12:29)

Esta idea es lo que yo llamo el "principio del hombre fuerte". Jesús nos dio un retrato de una casa en propiedad de un hombre fuerte, un déspota, un gobernante cruel, que tiene esclavos y todo tipo de bienes robados en su casa. Tiene el control absoluto de su casa, y es muy difícil entrar con la intención de liberar a sus esclavos o recuperar el botín. Si usted consiguiera entrar, durante todo el tiempo que estuviera intentando liberar a los esclavos del hombre fuerte o recuperar su botín, estaría intentando luchar contra él.

¿Ve la situación que se le presentaría si intentara derrotar al hombre fuerte de esta manera? Podría resultar mortalmente herido. Jesús destacó sabiamente que simplemente entrar no es la manera lógica de abordar una situación de este tipo. La forma lógica es comenzar atando al hombre fuerte. Primero, atarle y poner una mordaza en su boca. Después, podrá entrar y salir libremente, consiguiendo recuperar todo lo necesario y liberando a los esclavos.

Este es un principio espiritual importante. Si quiere tener éxito en una situación dada, debe descubrir quién o qué "hombre fuerte" satánico está sobre esa situación. Después, una vez atado el hombre fuerte, puede hacer lo que sea necesario. Pero el principio es atar primero al hombre fuerte, y después liberar a sus esclavos y recuperar lo que se había perdido.

Como escribí anteriormente, el reino de Satanás desciende de nivel a nivel; está supervisado por seres angelicales que tienen varias áreas de responsabilidad. A medida que descienden en orden, los más inferiores supervisan territorios menores. Generalmente hablando, usted no comienza su campaña de guerra espiritual yendo contra lo más alto, sino desde donde usted se encuentra. Va aprendiendo los principios de la guerra espiritual, y aprende a implementarlos sobre pequeños territorios. Después, avanza al nivel en que está tratando con un hombre fuerte sobre una ciudad o incluso sobre una nación.

Quizá esté teniendo problemas al intentar tener éxito en hacer la voluntad de Dios. Quizá no está viendo el progreso espiritual que espera tener en su familia, su empresa o su iglesia. De algún modo, las cosas no van como usted cree que deberían ir, y está perplejo por lo que se está encontrando. Mi sugerencia es que, casi con toda probabilidad, hay hombres fuertes sobre las situaciones que usted está confrontando. Francamente, no tendrá mucho éxito hasta que realmente no trate primero con el hombre fuerte.

Reconocer un hombre fuerte en su vida

Recuerdo una experiencia de mi propia vida en la que tuve que tratar con un hombre fuerte. La situación involucraba a mi familia, que había crecido con el paso de los años de nueve hijas adoptadas ¡a unos 120 miembros! Básicamente, hemos tenido la bendición de tener una familia muy buena. Nos amamos todos, hemos permanecido juntos en todo tipo de situaciones difíciles, y seguimos en contacto entre nosotros por todo el mundo.

Pero surgió una circunstancia que me hizo ser consciente de la presencia de un hombre fuerte en nuestra familia. Permítame darle primero algo de trasfondo.

Después de que muriese mi primera esposa, Lydia, y antes de casarme con Ruth, fui viudo durante dos años y medio. Era una tradición en nuestra familia celebrar el día de Navidad todos juntos, y teníamos planeado uno de esos encuentros familiares para una Navidad concreta. Como yo tenía una casa muy grande en ese entonces, nos íbamos a reunir en mi casa.

El día antes del día de Navidad, estaba meditando en el tiempo familiar que tendríamos. Aunque nos amábamos unos a otros y había una buena relación entre todos, cuando toda la familia se reunía, yo siempre sentía una cierta tensión, una cierta presión. Creo que en parte se debía a que varias de mis hijas esperaban que yo me interesase más por sus hijos que por los hijos de mis otras hijas. Pensaba para mí: *Debe de haber algo detrás de todo esto.*

Estaba tumbado en mi cama mirando al techo a las once de la noche aproximadamente, y dije: "Señor, ¿qué hay realmente detrás de todo esto?". De inmediato, apareció en mi habitación una especie de neblina gris, justo debajo del nivel del techo. Entendí que Dios me estaba mostrando que ese era el poder que estaba dificultando las relaciones en mi familia. Así que le pregunté a Dios: "¿Qué es eso?". Y Él me dijo: "Santurronería".

Medité en esa respuesta durante un rato, y pensé en mi primera esposa. Lydia era una cristiana maravillosa, pero como muchos cristianos dedicados, ella estaba muy preocupada por hacer siempre lo correcto. Aunque esa preocupación a menudo tiene una buena motivación, puede ser un paso hacia la santurronería. Después, pensé en mí mismo. Lo admití: *¡Me viene como anillo al dedo!* Con la ayuda del Señor, vi que nuestra familia estaba en cierta medida bajo la influencia de un espíritu de santurronería porque tanto mi primera esposa como yo habíamos estado abiertos a ello.

Como ve, en la estructura familiar los padres siempre deberían ser el paraguas protector de los hijos. Pero si hay un agujero en el paraguas, el enemigo puede entrar y causar problemas. Decidí que el primer paso que tenía que dar era arrepentirme y renunciar a la santurronería yo mismo. (No se puede hacer demasiado por otras personas si uno mismo es quien tiene el problema; y yo lo tenía). Después dije: "Señor, que sea roto ese poder de la santurronería sobre nuestra familia, en el nombre de Jesús". Cuando nos reunimos al día siguiente, fue bastante distinto a nuestras reuniones pasadas. Lo que nos había presionado durante anteriores Navidades simplemente ya no estaba ahí.

Este es solo un ejemplo de la presencia de un hombre fuerte. Quizá sea usted un cristiano empresario que tiene un deseo sincero de usar sus finanzas y talentos para el Señor. Pero, de algún modo, su empresa realmente no llega a prosperar como debería. Justo cuando se encuentra al borde del progreso, el éxito le esquiva. Quiero sugerirle que podría haber un hombre fuerte sobre su empresa.

Sea cual sea su situación específica, pídale a Dios que le revele quién es el hombre fuerte, porque solo Él tiene la solución para su dificultad. Cuando Él se lo revele, arrepiéntase de cualquier pecado que le muestre; después, ate al hombre fuerte y entre en la plenitud de vida y prosperidad que Dios desea para usted.

CAPÍTULO SEIS

HOMBRES FUERTES SOBRE NACIONES

Ahora que entendemos a un nivel personal la premisa básica de esta idea clave acerca de atar al hombre fuerte, avancemos al siguiente nivel, porque el mismo principio del hombre fuerte es aplicable a las naciones.

Una vez, estaba enseñando sobre este tema en una reunión en Nueva Zelanda, y alguien me preguntó: "¿Cuál es el hombre fuerte que hay sobre Nueva Zelanda?". Al principio, dije que el trabajo de sus líderes espirituales era descubrir la respuesta a esa pregunta. Pero otros siguieron preguntándome, y en cierto momento, el Señor me mostró la respuesta. Finalmente, cediendo ante su persistencia, dije: "Si verdaderamente quieren saberlo, creo que el hombre fuerte sobre Nueva Zelanda es la indiferencia".

Quiero decir aquí que amo a la gente de Nueva Zelanda. Son unas personas afables y cariñosas. En cierta manera, no obstante, no se toman la vida en serio. Su actitud es: "Al final todo irá bien". De hecho, tienen un dicho: "Ella estará bien, Jack".

Casualmente, antes de haber dado la respuesta a su pregunta, un amigo mío, que es un empresario muy conocido en Nueva Zelanda, había llegado tarde a la reunión y se había sentado junto a su hija. En el preciso momento en que dije que sentía que Dios me había mostrado al hombre fuerte, este hombre se giró hacia su hija y le dijo: "Es la indiferencia". Tengo que decir que durante muchos años desde el tiempo de esas reuniones, Nueva Zelanda ha estado básicamente en declive políticamente, socialmente y espiritualmente. El principal problema es la indiferencia. Hasta que los cristianos de Nueva Zelanda no entiendan este problema, no creo que verdaderamente sean capaces de tratar su situación nacional.

Rompiendo las cadenas

Para no hablar solamente de los neozelandeses, me encontré con el mismo asunto de preguntarme que identificara el hombre fuerte de una nación durante reuniones en Australia. Les dije a las personas: "Si quieren saber lo que creo, el problema espiritual de Australia es el rechazo". He aprendido a tener cuidado a la hora de hablar de los australianos, pero aquí hablaré con osadía, y hablo también desde el gran amor que siento por los australianos.

Como quizá sepa, o quizá no, Australia fue fundado como una colonial penal. A los prisioneros se les concedía rutinariamente la oportunidad de ir allí, y a menudo les obligaban a hacerlo también como un tipo de castigo. Por consiguiente, es común encontrar en el pensamiento de los australianos un sentimiento de marginación o rechazo.

Una vez, cuando estaba enseñando sobre este tema en Australia, Dios dio la profecía más hermosa a un hombre neozelandés que estaba asistiendo a las reuniones. En la profecía, Dios dijo que iba a sanar Australia y que Él tenía compasión por esa nación. De hecho, Dios la llamó "la nación dada a luz en cadenas". Pero el Señor dijo que iba a romper esas cadenas. Creo esa profecía; creo que hay un tremendo avivamiento que llegará a Australia en un futuro cercano.

Fortunas que afectan naciones

¿Cuál es el hombre fuerte sobre los Estados Unidos? Por supuesto, hay muchas fuerzas que afectan a América, pero yo diría que esencialmente es la rebeldía.

Si se da cuenta, los Estados Unidos fueron concebidos en rebelión. He observado un fenómeno sorprendente: cuando nosotros los británicos hacemos referencia a la historia de la condición de la nación de América, hablamos acerca de la Guerra de la Independencia americana. Los americanos lo llaman la Revolución Americana. ¿No es algo sorprendente? Tenga en cuenta que no estoy criticando a los que se rebelaron. Si yo hubiera sido un colono en los días de George Washington, habría hecho lo mismo. Pero la verdad es que la nación de los Estados Unidos fue concebida en rebelión.

Las Escrituras nos dicen que hay algo que está íntimamente conectado a la rebelión: *"Porque como pecado de adivinación es la rebelión"* (1 Samuel 15:23). Por lo tanto, el otro poder fuerte sobre los Estados Unidos es la adivinación. Estos son tan solo unos ejemplos sencillos de cómo las naciones están influenciadas o controladas por hombres fuertes. Probablemente debería terminar esta discusión antes de que ofenda a alguien, pero continuemos.

Identificar al hombre fuerte

¿Cuál es el problema con los británicos? Los británicos son un pueblo complicado. Es difícil expresar sus problemas con tan solo una palabra. Sin embargo, permítame intentarlo. Lo que digo a las personas es que si usted quiere conocer la diferencia entre los americanos y los británicos, y yo soy ambas cosas, los americanos le dirán lo buenos que son, ¡pero los británicos esperarán que usted lo sepa sin que ellos se lo digan!

No me cabe duda de que el hombre fuerte sobre Gran Bretaña es el orgullo. Repito: no digo esto a modo de crítica. Simplemente estoy asentando la verdad como yo la veo, todo en el contexto de un gran amor por las naciones que he mencionado.

Mi objetivo es diagnosticar el asunto principal del hombre fuerte para que nos ayude a tratar con él de manera eficaz. El punto es, ya sea con respecto a una persona o una nación, que nuestro primer paso es identificar al hombre fuerte en la situación y luego comenzar el proceso de atarle en oración.

CAPÍTULO SIETE

ARMAS PODEROSAS

Según llegamos a la conclusión de la parte II, examinemos algunas armas poderosas adicionales que podemos utilizar para derrotar al hombre fuerte.

"Atar" y "desatar"

En primer lugar, vamos a "atar" y "desatar" fuerzas espirituales mediante la oración. Jesús nos dio estas revelaciones importantes:

> *De cierto os digo que todo lo que atéis en la tierra, será atado en el cielo; y todo lo que desatéis en la tierra, será desatado en el cielo.* (Mateo 18:18)

¡Qué declaración tan tremenda! El original griego se puede traducir como sigue, con mi propio énfasis: "Todo lo que aten en la tierra *estará siendo atado* en el cielo". Así, en el momento en que usted lo ata en la tierra, queda atado en el cielo. ¿Se da cuenta de la importancia de esta verdad?

Tenemos el poder para intervenir en el ámbito celestial. Si cumplimos las condiciones en la tierra, podemos atar algo en la tierra que será atado en el cielo. De igual forma, podemos desatar algo en la tierra que será desatado en el cielo.

Por lo tanto, si identificamos a un grupo de personas (una familia, una comunidad o incluso una nación) que está atado por alguna fuerza espiritual, podemos pasar a la acción para desatar esas fuerzas y liberar a las personas. De nuevo, para parafrasear del original griego: "Todo lo que desate en la tierra *estará siendo desatado* en el cielo". Jesús dijo claramente que si usted desata las fuerzas en la tierra, serán desatadas en el cielo. En cierto sentido, no estamos esperando a que Dios haga algo con respecto a varias situaciones, sino que Dios nos está esperando a nosotros. Una actitud de pasividad no es agradable a Dios.

Acuerdo

Después, Jesús adjuntó una condición que debemos tener presente:

Otra vez os digo, que si dos de vosotros se pusieren de acuerdo en la tierra acerca de cualquiera cosa

que pidieren, les será hecho por mi Padre que está
en los cielos.   (Mateo 18:19)

En griego, la palabra traducida como *"pusieren de acuerdo"* significa "hacer sinfonía o armonizar". Jesús conectó a la promesa de atar y desatar la condición de ser capaz de armonizar. Si dos personas armonizan en oración y piden algo, lo recibirán. No obstante, armonizar no es algo sencillo.

Creo que la razón de esta promesa es que la única manera de armonizar es mediante el Espíritu Santo. Si armonizamos mediante el Espíritu Santo, estaremos de acuerdo con lo que Dios quiere. De modo que, si un esposo y una esposa pueden ponerse de acuerdo, recibirán aquello que estén pidiendo. Pero, de nuevo, el acuerdo es un desafío tremendo, especialmente para las parejas cristianas. Simplemente no es fácil que los maridos y las esposas armonicen en oración.

Es bastante sencillo estar *casi* en armonía. Sin embargo, musicalmente hablando, estar casi en armonía es ser terriblemente disonante. Verá que el diablo luchará contra su intento de armonizar casi de todas las maneras que pueda, porque teme el poder del acuerdo en la oración.

Agradecimiento

Otra arma tremenda es dar gracias a Dios. Permítame destacar un resultado muy interesante del agradecimiento en el ministerio de Jesús. En Juan 6, encontramos el relato de Jesús alimentando a los cinco mil:

> *Y tomó Jesús aquellos panes, y habiendo dado gracias, los repartió entre los discípulos, y los discípulos entre los que estaban recostados; asimismo de los peces, cuanto querían.* (Juan 6:11)

Al leer este versículo, ¿se ha dado cuenta de que Jesús no oró? Lo único que hizo fue dar gracias. ¡Y el hecho de dar gracias por los cinco panes y dos peces hizo que esa pequeña cantidad de comida fuera suficiente para alimentar a cinco mil personas!

Observe lo que dicen las Escrituras un poco más adelante:

> *Pero otras barcas habían arribado de Tiberias junto al lugar donde habían comido el pan después de haber dado gracias el Señor.* (Juan 6:23)

¿Qué produjo el milagro? De nuevo, fue el hecho (y la actitud) de dar gracias.

Alabanza

Alabar a Dios es un arma espiritual adicional. La Palabra de Dios dice:

> *Por causa de tus adversarios has hecho que brote la alabanza ["la fortaleza", RVR] de labios de los pequeñitos y de los niños de pecho, para silenciar al enemigo y al rebelde.* (Salmos 8:2, NVI)

"El enemigo y [el] rebelde" es Satanás. Él tiene que ser silenciado porque está constantemente acusándonos a usted y a mí ante el trono de Dios (véase, por ejemplo, Apocalipsis 12:10). Dios mismo no silencia a Satanás, porque nos ha dado las armas para hacerlo.

En Hechos 16, leemos que Pablo y Silas fueron arrojados en prisión. Les pusieron en la sección de máxima seguridad de la cárcel, donde fueron encadenados y les aseguraron los pies con grilletes. A medianoche, mientras oraban y alababan a Dios, algo ocurrió. Dios envió un terremoto que liberó a todo el contingente de la prisión; abrió todas las puertas de la prisión y se soltaron las cadenas de todos (véase Hechos 16:19–26). ¿Qué produjo ese terremoto? ¡La alabanza!

Proclamación

El poder de la proclamación es el arma que la iglesia necesita dominar en estos días. Cuando Dios llamó a Moisés a ir a Egipto y liberar a los israelitas de la esclavitud, Moisés dijo, básicamente: "Pero Dios, no tengo nada". Como respuesta, Dios le preguntó: *"¿Qué es eso que tienes en tu mano?"* (Éxodo 4:2). Para parafrasearlo, Moisés respondió: "Es solo mi vara de pastor". Dios dijo: "¡Tírala al suelo!". Cuando Moisés hizo lo que Dios le pidió, su vara se convirtió en una serpiente, y se apartó de su propia vara. No se había dado cuenta del poder que tenía en su propia mano. Dios entonces dijo a Moisés: "Lo único que necesitas para liberar a Israel es esa vara. Ve, y úsala" (véase Éxodo 3:1–4:17). Y con solo esa vara, Moisés arrebató el gobierno de Egipto de la mano del faraón, produciendo la liberación de los israelitas en nombre de Dios (véase Éxodo 5–16).

Quizá usted piense: "Yo no tengo nada", pero Dios dice: "¿Qué tienes en tu mano?". Para la gran mayoría, lo único que tenemos en nuestra mano es la Biblia. Es lo único que usted necesita. Tan solo tome esa "vara" y estírela. Usted estira la vara haciendo proclamaciones de lo que dice la Biblia con respecto a usted.

Le animo a no dejar nunca que pase un día sin hacer una proclamación de las Escrituras. Por lo tanto, concluyamos este capítulo dando un paso atrevido y haciendo de Deuteronomio 33:25-27 nuestra proclamación:

Hierro y bronce serán [nuestros] *cerrojos, y como* [nuestros] *días serán* [nuestras] *fuerzas. No hay como el Dios de Jesurún, quien cabalga sobre los cielos para* [nuestra] *ayuda, y sobre las nubes con* [nuestra] *grandeza. El eterno Dios es* [nuestro] *refugio, y acá abajo los brazos eternos; Él echó de delante de* [nosotros] *el enemigo, y dijo: Destruye.*

¡Eso lo zanja todo!

Si usted hace proclamaciones como esta diariamente, debería ver el desalojo del hombre fuerte de su vida, su familia, su iglesia e incluso su empresa. Añada a la proclamación las armas de guerra que vimos en el capítulo 4, así como las otras armas que hemos repasado en este capítulo (atar y desatar, acuerdo, agradecimiento y alabanza), y debería estar listo para conseguir la victoria en el ámbito de la guerra espiritual.

En la parte III de este libro, llevaremos estos principios más allá al tratar el papel de la iglesia en la nación, específicamente en cuanto a la responsabilidad que tenemos los cristianos de quitar los "lugares altos" y derribar fortalezas.

PARTE III

Derribando los "lugares altos"

Capítulo Ocho

La ofensa de los lugares altos

En nuestro examen del concepto de "lugares altos" quiero plantearle un desafío desde el principio: le pido que participe totalmente en lo que estamos a punto de cubrir. Con ese propósito, veamos un incidente en la vida de Jesús.

A lo largo del curso de su ministerio, Jesús fue regularmente confrontado por parte de los líderes religiosos de su época, quienes con frecuencia tenían la intención de atraparle en un intento por desacreditarle en palabra o en obra. Durante uno de esos conflictos, uno de los escribas, impresionado por la sabiduría de Jesús, dio un paso adelante y preguntó: "Maestro, ¿cuál es el mayor de todos los mandamientos?" (véase Marcos 12:28).

¿Cuál fue la respuesta de Jesús? "*Y amarás al Señor tu Dios* [observe atentamente lo que sigue:] *con todo tu corazón, y con toda tu alma, y con toda tu mente y con todas tus fuerzas*" (Marcos 12:30).

No debemos olvidar que la mente —al igual que el corazón, el alma y las fuerzas— es vital para amar al Señor. Hago hincapié en este punto debido a mis experiencias durante mi peregrinaje a lo largo de varias etapas de cristianismo, en las cuales he ministrado a grupos de numerosas denominaciones. Muchos de esos grupos creían que cuando llegaban a una reunión, podían dejar con seguridad sus mentes en sus vehículos en el estacionamiento, porque no las necesitarían en la iglesia.

Como subrayé anteriormente, los cristianos deben aprender a pensar si quieren derrotar a Satanás. Y usted va a necesitar su mente a fin de entender plenamente la importancia de este tema de derribar los lugares altos.

¡Una repetida advertencia!

La idea para nuestro énfasis en este capítulo llegó a mí en primer lugar hace varios años, en un momento en que estaba estudiando los libros de 1 y 2 Reyes. Una afirmación recurrente en esos libros captó mi atención: "*Sin embargo, los lugares altos no se quitaron*". "*Los lugares altos no fueron quitados*". (Véase, por ejemplo, 1 Reyes 15:14; 22:43; 2 Reyes 12:3; 14:4; 15:4, 35).

Me dije a mí mismo: *Si Dios se ha tomado la molestia de hacer repetir esa afirmación tantas veces en su Palabra, entonces debe de haber cierta importancia en ella.* Tomé una nota mental de que había algo acerca de los "lugares altos" que yo necesitaba estudiar. Como sucede a veces, puse la nota en mi carpeta mental de "archivos pendientes" y la dejé ahí.

Para sorpresa mía, unos cinco años después, mientras me preparaba para un compromiso en el que tendría que hablar, el Señor me recordó acerca de aquella nota mental. Sentí que Él me había mostrado que era el momento de entrar en este asunto de los lugares altos y compartirlo con su pueblo. Poco tiempo después, hablé sobre el tema en una universidad, y un gran número de alumnos asistieron a la conferencia. Llegaron esperando implicar sus mentes plenamente a fin de establecer el fundamento para el éxito en la vida. Ellos entendían que para ser un cristiano exitoso, hay que utilizar la mente.

Por lo tanto, a medida que estudiamos el asunto de los "lugares altos", esté preparado para hacer un esfuerzo mental. Necesitará remontarse usted mismo en el tiempo, a un periodo de la historia que es muy remoto y a una cultura que es muy distinta a la nuestra. A medida que lo haga, enseguida verá por qué Dios quiere que entendamos el problema de los "lugares altos" en el Antiguo Testamento. Se debe a que este tema es tan significativo para la iglesia actualmente como lo era para Israel en la época en que Dios estaba advirtiendo enfáticamente a su pueblo al respecto.

Capítulo nueve

El lugar de la verdadera adoración

Cuando Israel entró en la tierra que Dios les había prometido, estaba ocupada por los cananeos. Aquellos cananeos eran personas malvadas, y la esencia de su maldad era su adoración a ídolos. Yo creo que la idolatría es el mayor de todos los pecados y el más desastroso en sus consecuencias. Cometer idolatría es quebrantar el primer mandamiento: *"No tendrás dioses ajenos delante de mí"* (Éxodo 20:3).

En la cultura cananea, la adoración a ídolos estaba marcada por prácticas abominables, entre las que se incluía el sacrificio de niños pequeños en hornos a un dios llamado Moloc. Los cananeos normalmente llevaban a cabo esas prácticas sobre lo que se denominaba "lugares altos".

Los lugares altos eran montes o colinas que sobresalían por encima del campo circundante. En la mayoría de los casos, grandes e impresionantes árboles crecían sobre las colinas. Por eso encontrará frases como esta repetidas una y otra vez en los libros históricos y proféticos del Antiguo Testamento: *"sobre los montes altos, y sobre los collados, y debajo de todo árbol frondoso"* (Deuteronomio 12:2). Como veremos, esas frases siempre están relacionadas con la abominación de la idolatría.

Ignorar la advertencia de Dios

El propósito fundamental de un lugar alto era el de ser una ubicación para la adoración a deidades. Dios había advertido claramente a los hijos de Israel sobre los lugares altos antes de que entrasen en la Tierra Prometida. Vemos esa clara advertencia en el libro de Deuteronomio, cuando Dios les dijo efectivamente: "Cuando entren a la tierra, no quiero que hagan lo que han hecho los cananeos. Yo tengo un plan diferente para ustedes. Voy a designar un lugar en cierta ciudad donde ustedes puedan adorarme, y donde puedan ofrecer sus sacrificios. No quiero que me adoren en ningún otro lugar".

La advertencia de Dios a Israel sobre no utilizar los lugares altos fue clara y enfática. A continuación hay una parte de lo que Él les dijo a los israelitas por medio de Moisés:

> Estos son los estatutos y decretos que cuidaréis de poner por obra en la tierra que Jehová el Dios de tus padres te ha dado para que tomes posesión de ella, todos los días que vosotros viviereis sobre la tierra. Destruiréis enteramente todos los lugares donde las naciones que vosotros heredaréis sirvieron a sus dioses, sobre los montes altos, y sobre los collados, y debajo de todo árbol frondoso. Derribaréis sus altares, y quebraréis sus estatuas, y sus imágenes de Asera consumiréis con fuego; y destruiréis las esculturas de sus dioses, y raeréis su nombre de aquel lugar. No haréis así a Jehová vuestro Dios, sino que el lugar que Jehová vuestro Dios escogiere de entre todas vuestras tribus, para poner allí su nombre para su habitación, ése buscaréis, y allá iréis. Y allí llevaréis vuestros holocaustos, vuestros sacrificios, vuestros diezmos, y la ofrenda elevada de vuestras manos, vuestros votos, vuestras ofrendas voluntarias, y las primicias de vuestras vacas y de vuestras ovejas. (Deuteronomio 12:1–6)

Sin lugar a dudas, Dios estaba diciendo: "Yo voy a escoger un lugar donde pondré mi nombre y donde tendré mi morada. Ese será el único lugar donde les permitiré ofrecer sacrificios y adorarme".

El lugar donde habita el nombre de Dios

Pasaría algún tiempo antes de que estuviera claro que Jerusalén era el lugar del santuario de Dios al que se hacía referencia en los versículos anteriores. Muchas personas no lo entienden, pero esta es la razón de que los judíos adoren en el Muro Occidental de ese lugar en particular actualmente. Eso es todo lo cerca que pueden estar del lugar, porque ahora está ocupado por una mezquita musulmana.

Los judíos tienen perfectamente clara su convicción de que no hay ninguna otra ubicación donde puedan ofrecer sacrificios. Por consiguiente, según su modo de pensar, todo su futuro se centra en recuperar la posesión de ese lugar porque, hasta que lo hagan, no pueden realmente ofrecer sacrificios. Aunque puede que le resulte difícil entender esa mentalidad, es un tema muy controvertido en el Oriente Medio. Es el punto focal del conflicto entre musulmanes y judíos, y nos demuestra que la Palabra de Dios sigue siendo notablemente relevante en la actualidad.

Regresando a nuestro pasaje, leemos:

Y al lugar que Jehová vuestro Dios escogiere para poner en él su nombre, allí llevaréis todas las cosas que yo os mando: vuestros holocaustos, vuestros sacrificios, vuestros diezmos, las ofrendas elevadas de vuestras manos, y todo lo escogido de los votos que hubiereis prometido a Jehová.

(Deuteronomio 12:11)

De estos versículos entendemos que Dios quería que hubiese un lugar donde Él pondría su nombre; y una vez que esa ubicación estuviera establecida, los hijos de Israel no debían adorar en ningún otro lugar.

Capítulo diez

Una fuente de continuo conflicto

La historia de Israel, desde el establecimiento de la monarquía hasta la cautividad en Babilonia, está marcada por continuo conflicto con respecto a los lugares altos. Los israelitas constantemente batallaban entre obedecer a Dios al adorarle en el lugar designado y desobedecerle al regresar a los lugares altos.

En 1 Reyes 3 obtenemos un interesante destello de esa lucha. Aunque lo que estamos examinando tuvo lugar en la historia de Israel hace tres mil años, tiene una aplicación muy importante para usted y para mí en la actualidad. Comencemos a establecer las bases para esta aplicación leyendo el siguiente pasaje:

> *Salomón hizo parentesco con Faraón rey de Egipto,*
> *pues tomó la hija de Faraón, y la trajo a la ciudad*
> *de David, entre tanto que acababa de edificar su*
> *casa, y la casa de Jehová, y los muros de Jerusalén*
> *alrededor. Hasta entonces el pueblo sacrificaba en*
> *los lugares altos; porque no había casa edificada al*
> *nombre de Jehová hasta aquellos tiempos.*
>
> (1 Reyes 3:1–2)

En este punto, el pueblo estaba haciendo sacrificios al Señor. No estaban haciendo sacrificios a ídolos; sin embargo, estaban haciendo sacrificios en los lugares altos porque el templo en Jerusalén, donde Dios iba a poner su nombre, aún no estaba terminado.

La debilidad de Salomón

Al continuar en el pasaje de 1 Reyes 3 encontramos una comparación entre Salomón y David muy significativa.

> *Mas Salomón amó a Jehová, andando en los estatutos de su padre David; solamente sacrificaba y quemaba incienso en los lugares altos.*
>
> (1 Reyes 3:3)

Aquí vemos una importante diferencia entre David y Salomón. David nunca adoró en los lugares altos.

Salomón sí lo hizo. En cierto sentido, esa fue la debilidad que finalmente condujo a la caída de Salomón.

Como contraste, veamos un relato en 2 Crónicas de algo que tuvo lugar antes de que el templo fuese construido, cuando Salomón fue hecho rey:

> *Y fue Salomón, y con él toda esta asamblea, al lugar alto que había en Gabaón; porque allí estaba el tabernáculo de reunión de Dios, que Moisés siervo de Jehová había hecho en el desierto.*
>
> (2 Crónicas 1:3)

Notemos que en el versículo contiguo, la Biblia hace la distinción tan importante de que Gabaón no era Jerusalén.

> *Pero David había traído el arca de Dios de Quiriat-jearim al lugar que él le había preparado; porque él le había levantado una tienda en Jerusalén.*
>
> (2 Crónicas 1:4)

David había entendido el hecho de que Dios quería que Jerusalén fuese el lugar de adoración. David no llevó el arca a Gabaón. La llevó al lugar que había preparado para ella en Jerusalén.

El libro de 2 Samuel describe a David llevando el arca de regreso a Israel después de que hubo sido recuperada de los filisteos.

*Así David y toda la casa de Israel conducían el
arca de Jehová con júbilo y sonido de trompeta.
Cuando el arca de Jehová llegó a la ciudad de
David, aconteció que Mical hija de Saúl miró desde una ventana, y vio al rey David que saltaba y
danzaba delante de Jehová; y le menospreció en su
corazón.* [¡Eso fue un error por parte de ella!]
*Metieron, pues, el arca de Jehová, y la pusieron
en su lugar en medio de una tienda que David le
había levantado* [no el tabernáculo de Moisés]; *y
sacrificó David holocaustos y ofrendas de paz delante de Jehová.*   (2 Samuel 6:15–17)

Repito: David entendía la absoluta importancia
de adorar en el lugar que el Señor había designado:
Jerusalén, la "ciudad de David". Aunque el tabernáculo
de Moisés estaba en Gabaón, y el templo aún no había
sido construido, David, al ser un hombre conforme al
corazón de Dios (véase 1 Samuel 13:14; Hechos 13:22),
dijo: "Este lugar, Jerusalén, es el lugar donde yo voy a
adorar a Dios".

Por favor, siga implicado mentalmente en los asuntos que estamos cubriendo aquí, porque tendrán una
aplicación específica para nuestras vidas en las secciones
siguientes.

Errar el blanco

Sin duda, Salomón, el hijo de David, le siguió en gran parte de lo que había hecho; pero Salomón se alejó de David a este respecto: hasta que el templo fue construido, él adoró en un lugar alto.

Descubrirá que más adelante en la experiencia de Salomón, esta discrepancia aparentemente menor se convirtió en una enfermedad. Cuando usted comienza a alejarse un poco del camino de Dios, se irá alejando cada vez más por diversos caminos cuanto más tiempo vaya en esa dirección. En 1 Reyes 11 leemos cómo se desarrolló este proceso en la vida de Salomón:

> *Entonces edificó Salomón un lugar alto a Quemos, ídolo abominable de Moab, en el monte que está enfrente de Jerusalén, y a Moloc, ídolo abominable de los hijos de Amón.* (1 Reyes 11:7)

Primera de Reyes 11:8 nos dice que Salomón edificó un lugar alto para que cada una de sus esposas extranjeras adorase a sus ídolos paganos. Entonces, leemos en los dos versículos siguientes:

> *Y se enojó Jehová contra Salomón, por cuanto su corazón se había apartado de Jehová Dios de Israel, que se le había aparecido dos veces, y le*

*había mandado acerca de esto, que no siguiese a
dioses ajenos; mas él no guardó lo que le mandó
Jehová.*   (1 Reyes 11:9–10)

Confío en que ahora pueda usted ver que el asunto de los lugares altos tiene una tremenda importancia ante los ojos de Dios. En el capítulo 11 cubriremos más sobre la historia de los reyes de Israel con relación a este tema, y después estableceremos algunas aplicaciones sorprendentes.

Capítulo once

Un trágico patrón

Si leyese toda la historia de los reyes de Israel, descubriría que es una repetición muy agotadora en la cual la nación seguía regresando a las prácticas erróneas de los cananeos. Sin embargo, al examinar brevemente la historia de la repetida caída de Israel en prácticas espirituales falsas, tengamos en mente una ardiente pregunta: ¿está cayendo presa nuestra nación de la misma tendencia?

Después del reinado de Salomón, el reino de Israel se convirtió en una monarquía dividida: Jeroboam gobernaba el reino del norte, llamado Israel, mientras que Roboam gobernaba el reino del sur, llamado Judá. Ambos reyes regresaron a los lugares altos. En 1 Reyes 12 leemos sobre la desobediencia del rey Jeroboam:

> [Jeroboam] *hizo también casas sobre los lugares*
> *altos, e hizo sacerdotes de entre el pueblo, que no*
> *eran de los hijos de Leví.*   (1 Reyes 12:31)

Jeroboam ofreció sacrificios en los lugares altos y nombró falsos sacerdotes. Ese es el registro histórico.

Primera de Reyes 14 nos dice que Roboam, que era hijo de Salomón, también adoró en los lugares altos:

> *Roboam hijo de Salomón reinó en Judá... Y Judá*
> *hizo lo malo ante los ojos de Jehová, y le enojaron*
> *más que todo lo que sus padres habían hecho en*
> *sus pecados que cometieron. Porque ellos también*
> *se edificaron lugares altos, estatuas, e imágenes de*
> *Asera, en todo collado alto y debajo de todo árbol*
> *frondoso.*   (1 Reyes 14:21–23)

¿Está comenzando a ver la frase repetida? El mismo patrón sigue y sigue, una y otra vez.

"Él hizo lo recto, pero..."

Dios le dio un hijo a Roboam, llamado Asa, quien fue un rey justo. Leemos acerca de él en el siguiente capítulo de 1 Reyes.

> *En el año veinte de Jeroboam rey de Israel, Asa*
> *comenzó a reinar sobre Judá... Asa hizo lo rec-*
> *to ante los ojos de Jehová, como David su padre.*

> *Porque quitó del país a los sodomitas, y quitó todos*
> *los ídolos que sus padres habían hecho.*
>
> (1 Reyes 15:9, 11–12)

Pero el rey Asa también erró el blanco, como leemos en el versículo 14: *"Sin embargo, los lugares altos no se quitaron"*.

Asa hizo un buen progreso con sus reformas, pero no pudo terminarlas. Él restauró la adoración al Dios verdadero, pero no restauró el lugar legítimo de adoración. En cambio, mantuvo los lugares altos.

Aquí está de nuevo esencialmente la frase que discurre por todo 1 y 2 Reyes: "Él hizo lo recto ante los ojos del Señor, pero los lugares altos no fueron quitados". El siguiente rey después de Asa fue Josafat, y también él fue un rey recto. Él alejó toda idolatría, y restauró la verdadera adoración de Jehová; pero los lugares altos no fueron quitados.

Después de Josafat llegó Amasías, quien también restauró la verdadera adoración de Jehová; pero los lugares altos no fueron quitados.

Joas se convirtió en rey cuando tenía siete años de edad. Él hizo lo recto ante los ojos del Señor; pero los lugares altos no fueron quitados.

Después de Joas llegó Azarías (llamado también Uzías). Él mantuvo la verdadera adoración de Jehová; pero los lugares altos no fueron quitados.

Después de Azarías llegó Jotam, quien también mantuvo la verdadera adoración de Jehová; pero los lugares altos no fueron quitados.

Bajo el liderazgo de esos reyes, Israel tuvo una mezcla de lo verdadero y lo falso. Uno tras otro, aquellos seis reyes iniciaron buenas reformas, pero solo llegaron hasta cierto punto. Prohibieron la idolatría, pero no prohibieron el uso de los lugares donde los falsos dioses e ídolos habían sido adorados. Y Dios registra de cada uno de ellos que no quitaron los lugares altos. Como mencioné anteriormente, ellos adoraban al Dios verdadero, contrariamente a quienes habían pasado a la idolatría; pero estaban adorando al Dios verdadero en zonas geográficas que habían sido consagradas a la adoración de ídolos. Lo que aquellos reyes lograron fue cierto tipo de reforma parcial. Se libraron de los ídolos, pero no se libraron de la base falsa de la adoración.

Después de esos seis reyes —Asa, Josafat, Joas, Amazías, Azarías y Jotam— llegó Acaz, quien rodeó la reforma parcial y regresó directamente a la idolatría. La Biblia describe a Acaz como un rey singularmente malvado.

Antes [Acaz] anduvo en el camino de los reyes de Israel, y aun hizo pasar por fuego a su hijo [él ofreció a su hijo como un sacrificio vivo en un horno], según las prácticas abominables de las naciones que Jehová echó de delante de los hijos de Israel. Asimismo sacrificó y quemó incienso en los lugares altos, y sobre los collados, y debajo de todo árbol frondoso.   (2 Reyes 16:3–4)

Las medidas de Dios

La repetición del alejamiento de Dios por parte de Israel, y después no obedecerle plenamente cuando regresaban a Él, puede que sea un tanto agotador, pero repite en nuestras mentes un reconocimiento de la verdad. Muchas verdades en la Biblia son presentadas con frases sencillas y categóricas; sin embargo, a veces, la verdad en la Biblia es revelada en patrones que se repiten continuamente, y Dios nos conduce a descubrir una lección importante en esos patrones.

El reino del norte de Israel finalmente fue a la cautividad bajo los asirios. El capítulo 17 de 2 Reyes resume todos los pecados que causaron que el reino del norte fuese al exilio. Leamos una parte de lo que la Biblia dice sobre esta situación:

Y los hijos de Israel [el reino del norte] hicieron secretamente cosas no rectas contra Jehová su Dios, edificándose lugares altos en todas sus ciudades, desde las torres de las atalayas hasta las ciudades fortificadas, y levantaron estatuas e imágenes de Asera en todo collado alto, y debajo de todo árbol frondoso, y quemaron allí incienso en todos los lugares altos, a la manera de la naciones que Jehová había traspuesto de delante de ellos, e hicieron cosas muy malas para provocar a ira a Jehová.
(2 Reyes 17:9–11)

Podemos ver claramente que un importante asunto de contención entre Dios y su pueblo eran los lugares altos. De hecho, la vida y el reinado de cada rey que gobernó sobre el pueblo de Dios fue medido con respecto a lo que hizo acerca de los lugares altos.

Dos reyes rectos

Bastante cerca del final de la historia de Judá, el reino del sur, hubo dos reyes que hicieron lo que Dios había estado esperando. Ezequías y Josías fueron reyes destacadamente rectos.

Hizo lo recto [Ezequías] ante los ojos de Jehová, conforme a todas las cosas que había hecho David su padre.
(2 Reyes 18:3)

Recordará que David nunca fue a los lugares altos; sin embargo, todos sus descendientes no siguieron su ejemplo, hasta este momento.

> El [Ezequías] **quitó los lugares altos**, y quebró las imágenes, y cortó los símbolos de Asera, e hizo pedazos la serpiente de bronce que había hecho Moisés, porque hasta entonces le quemaban incienso los hijos de Israel; y la llamó Nehustán. En Jehová Dios de Israel puso su esperanza; ni después ni antes de él hubo otro como él entre todos los reyes de Judá.   (2 Reyes 18:4–5)

¿Cuál fue la característica distintiva del reinado de Ezequías? ¿Qué le hizo ganarse ese elogio en particular en la Escritura? Él se ocupó detalladamente de los lugares altos.

Sorprendentemente, Ezequías experimentó un desastre con respecto a su hijo Manasés, quien fue quizá el más malvado de todos los reyes de Judá. Puede que recuerde, a propósito, que la vida de Ezequías fue milagrosamente prolongada quince años como respuesta a su oración cuando estaba mortalmente enfermo (véase 2 Reyes 20:1–11). Cuando murió, su hijo Manasés tenía doce años de edad. Por lo tanto, Manasés nació durante aquellos quince años extra. Si Ezequías no hubiera vivido ese periodo extra, no habría producido al malvado

Manasés. Este hecho nos enseña que si Dios nos da tiempo extra, es mejor que tengamos cuidado con lo que hacemos con él. A veces me pregunto si Ezequías, al mirar hacia atrás, habría cambiado de opinión. Si le hubieran dado de nuevo la opción, sabiendo lo que Manasés haría, ¿habría pedido esos quince años?

Veamos muy brevemente lo que dice la Biblia sobre Manasés:

> Volvió a edificar los lugares altos que Ezequías su padre había derribado, y levantó altares a Baal, e hizo una imagen de Asera, como había hecho Acab rey de Israel; y adoró a todo el ejército de los cielos, y rindió culto a aquellas cosas.
>
> (2 Reyes 21:3)

La Biblia afirma que, de todos los reyes de Judá, no hubo ninguno tan malvado como Manasés (véase 2 Reyes 21:2–16). Y sin embargo, de manera sorprendente, en 2 Crónicas 33:10–19 sabemos que él se arrepintió, ¡y Dios le perdonó! Ahí está en la historia. Él fue el rey más malvado, y sin embargo el arrepentimiento le produjo perdón de parte de Dios.

Ahora repasemos la vida del segundo rey justo. El rey Josías hizo lo que Dios quería:

> *Y quitó [Josías] a los sacerdotes idólatras que ha-*
> *bían puesto los reyes de Judá para que quemasen*
> *incienso en los lugares altos en las ciudades de*
> *Judá... E hizo venir todos los sacerdotes de las*
> *ciudades de Judá, y profanó los lugares altos don-*
> *de los sacerdotes quemaban incienso... Asimismo*
> *profanó el rey los lugares altos que estaban delante*
> *de Jerusalén.*   (2 Reyes 23:5, 8, 13)

Obviamente, Josías dirigió una guerra contra los lugares altos. Siguiendo en el versículo 15 leemos:

> *Igualmente el altar que estaba en Bet-el, y el lugar*
> *alto que había hecho Jeroboam hijo de Nabat, el*
> *que hizo pecar a Israel; aquel altar y el lugar alto*
> *destruyó, y lo quemó, y lo hizo polvo, y puso fuego*
> *a la imagen de Asera.*   (2 Reyes 23:15)

¿Ve lo que distinguió a Josías, apartándole como un
rey particularmente recto? Él se ocupó de los lugares altos. Aunque la mayoría de los reyes de Judá adoraron al
Dios verdadero, no derribaron los lugares idólatras de
adoración. Permitieron que el pueblo adorase al Dios
verdadero, pero sobre la base equivocada y en los lugares
equivocados.

Capítulo doce

¿Qué hay de nosotros?

Hemos pasado mucho tiempo viendo la historia de Israel, pero la pregunta clave es si esa historia tiene algo que decirnos a usted y yo como cristianos en la actualidad. Yo creo que así es. Y creo que por eso, después de varios años, Dios sacó el tema de los lugares altos de mi "archivo pendiente" mental.

Debemos hacernos las siguientes preguntas:

+ ¿Cuál es la base sobre la cual podemos adorar aceptablemente al Dios verdadero?
+ ¿Cuál es la base sobre la cual debemos acudir a Él?
+ ¿Cuál es el verdadero lugar de adoración?

¿Vamos a ser como aquellos israelitas que acudieron a lugares de adoración idólatras, incluso si estamos comprometidos a adorar al Dios verdadero? ¿O vamos a ser como David, Ezequías y Josías, quienes despreciaron los lugares altos y adoraron a Dios solamente sobre la base que Él había decretado?

Adoración que es aceptable a Dios

La pregunta suprema es la siguiente: ¿Cuál es la base de la verdadera adoración que es aceptable a Dios, según el Nuevo Testamento? En otras palabras, bajo el nuevo pacto, ¿qué se corresponde con adorar a Dios en el lugar designado por Él, el lugar donde Él ha hecho que habite su nombre? Yo creo que la respuesta se encuentra en un versículo: Mateo 18:20.

Parte de lo que estoy a punto de decir puede que le resulte controvertido. (No es nunca mi intención ser controvertido, pero en cierto modo parece que nunca puedo escapar a ello.) Leeremos Mateo 18:20, y después le daré la "Versión Prince" de este versículo. Una mujer en una ocasión me preguntó si la "Versión Prince" estaba impresa. La respuesta es no. Es mi propia traducción espontánea. Como ya he mencionado, comencé a aprender el idioma griego cuando tenía diez años de edad; lo estudié continuamente durante quince años, y estoy calificado para enseñarlo a nivel universitario. Eso no significa que siempre diga lo que es correcto, pero repito, creo que me da derecho a expresar mi opinión sobre cómo puede ser interpretado un pasaje.

GUIADOS JUNTOS, HACIA SU NOMBRE

Leemos:

Porque donde están dos o tres congregados en mi nombre, allí estoy yo en medio de ellos.

(Mateo 18:20)

La palabra griega traducida como "*congregados*" es *sunago*, y su significado literal es "ser guiados juntos". Una de las raíces de la palabra *sunago* es el verbo *ago*, que es la palabra griega normal para "guiar" o "conducir".

Por lo tanto, una traducción más literal de la primera parte de Mateo 18:20 sería: "Tantos como sean guiados por el Espíritu de Dios…", o "Donde dos o tres hayan sido guiados juntos…". El tiempo verbal es el perfecto. También, la preposición no es "en" sino "hacia": "Donde han sido guiados *hacia* mi nombre, allí estoy yo en medio de ellos".

El Señor nunca prometió encontrarse con Israel en una colina alta, o en los lugares altos. Pero sí dijo, en efecto: "Si acuden al lugar donde yo he puesto mi nombre, allí estaré yo".

Este sencillo texto tiene muchas implicaciones importantes. Si decimos: "Donde dos o tres han sido guiados juntos", eso plantea la pregunta: "¿Quién les guió?".

La respuesta es muy clara, y se encuentra en Romanos:

Porque todos los que son [regularmente] *guiados por el Espíritu de Dios, éstos son hijos de Dios.*

(Romanos 8:14)

Este es un pasaje clave. ¿Cómo llega a ser usted un hijo de Dios? Al ser nacido de nuevo por el Espíritu de Dios. Pero para llegar a ser un hijo o hija maduro, tiene que ser regularmente guiado por el Espíritu de Dios.

GUIADOS POR EL ESPÍRITU

Millones de cristianos que han sido nacidos de nuevo no tienen ni idea de cómo ser guiados por el Espíritu Santo y, como resultado, siguen siendo niños perpetuos. Nunca maduran. Yo he predicado a grandes audiencias de personas, de las cuales la mayoría eran salvos y llenos del Espíritu Santo. Con frecuencia, les he preguntado: "¿Cuántos de ustedes han escuchado un sermón sobre cómo nacer de nuevo?". Casi todos levantaban sus manos. Entonces les preguntaba: "¿Cuántos han escuchado un sermón sobre cómo ser guiados regularmente por el Espíritu de Dios?". La respuesta promedio a esta pregunta ha sido menos del diez por ciento.

Esa pobre respuesta destaca uno de los grandes problemas fundamentales de la renovación carismática.

Muchas personas hablan del Espíritu Santo, pero apenas nadie sabe cómo ser guiado por el Espíritu Santo. Como resultado, sin darnos cuenta, regresamos a nuestros pequeños rituales y a nuestros pequeños conjuntos de reglas y, al hacerlo, en esencia, estamos regresando a los lugares altos (aunque, repito, puede que no nos demos cuenta). Romanos 8:14 nos dice el único camino hacia la madurez: *"Porque todos los que son* [regularmente] *guiados por el Espíritu de Dios, éstos son hijos* [no niños, sino hijos maduros] *de Dios"*.

"Tantos como han sido guiados juntos…". ¿Por quién? *"Por el Espíritu de Dios"*. ¿Entiende las implicaciones de esa verdad? Usted no puede dejar al Espíritu de Dios fuera de su vida y aun así obtener resultados.

Por ejemplo, ¿cree usted que el Señor asiste a cada reunión de la junta de diáconos en nuestras iglesias? Yo creo que Él es demasiado caballero para estar en alguna de esas reuniones. El Señor nunca prometió asistir a cada reunión de las juntas de diáconos, porque muchas de esas reuniones no son guiadas por el Espíritu de Dios. Pero el Señor afirma: "Donde dos o tres han sido guiados juntos por mi Espíritu…". ¿Dónde dijo Dios que se encontraría con nosotros? Donde nos hemos congregado juntos por la guía del Espíritu *hacia* el nombre de Jesús.

Aunque la iglesia ha pasado por multitud de reformas a lo largo de los siglos, la mayoría de ellas, al igual que las reformas de los reyes de Judá, nunca se ocuparon de los "lugares altos", o la base para que nos congreguemos. Históricamente, hemos tenido varios otros lugares sobre los cuales nos hemos congregado. Según mi entendimiento, esos son lugares altos; sin embargo, no han sido reconocidos o abordados.

Dios no autoriza ninguna otra base para que los cristianos se congreguen sino la base de ser guiados por el Espíritu Santo hacia el nombre de Jesús. Cualquier otro lugar, cualquier otra base, es un "lugar alto".

CAPÍTULO TRECE

TRES LUGARES ALTOS ACTUALES

En este capítulo exploraremos tres falsas bases para congregarse que se han convertido en "lugares altos" para la iglesia: (1) la base de la nacionalidad, (2) la base de una doctrina particular, y (3) la base de la lealtad a un líder humano concreto.

1. La base de la nacionalidad

En primer lugar, nuestras iglesias con frecuencia se reúnen sobre la base de la nacionalidad. Por ejemplo, Gran Bretaña tiene una iglesia estatal, la Iglesia de Inglaterra, en la cual me crié. Igualmente, todas las naciones escandinavas —Dinamarca, Suecia, Noruega y Finlandia— tienen iglesias estatales. No hay base alguna en la Escritura para esta práctica. No hay nada en el Nuevo Testamento que autorice que una iglesia esté basada en la nacionalidad.

En el Señor Jesucristo no hay nacionalidad. Como escribió Pablo, no hay judío ni griego, ciudadano ni bárbaro (véase Colosenses 3:11). Por lo tanto, no es bíblico hablar, por ejemplo, de la iglesia inglesa, la iglesia sueca o la iglesia africana. Podemos hablar acerca de la iglesia *en* Gran Bretaña, Suecia o África, pero eso tiene un significado totalmente distinto. Se refiere a los miembros del cuerpo de Cristo en esos países. En el Nuevo Testamento hay referencias a la iglesia en Corinto, la iglesia en Éfeso, la iglesia en Tesalónica y la iglesia en Laodicea, por nombrar algunas, pero ni Pablo ni ninguno de los otros escritores del Nuevo Testamento especificó una iglesia basándose en su pertenencia a cierta nación.

Para aclarar aún más este concepto, usted puede referirse concretamente a la iglesia en Estados Unidos, pero cualquier congregación fundada en Estados Unidos podría estar compuesta por creyentes que provienen de diversos países del mundo. Cada nacionalidad no tiene que tener una iglesia especial para sí misma. La única razón por la cual los creyentes de una nacionalidad o un trasfondo étnico particular podrían necesitar una iglesia especial es si todos ellos hablan un idioma que otros en la comunidad no hablan. Pero eso es cuestión de comunicación y no una base para congregarse.

2. La base de una doctrina particular

Otra base errónea sobre la cual las personas se congregan en la iglesia es lo que yo denomino la base "doctrinal". Se congregan porque son bautistas, pentecostales o de cualquier otra denominación o afiliación. Uno de tales grupos de personas podría creer particularmente en el bautismo por inmersión, y podría creer especialmente en el bautismo con el Espíritu Santo; como resultado, esa doctrina concreta se convierte en la base sobre la cual se congregan. Sin embargo, congregarse únicamente sobre una base doctrinal particular no está autorizado por la Escritura.

Yo creo que Dios ha estado intentando, mediante una notable actividad de su Espíritu Santo, llevar unidad doctrinal al cuerpo de Cristo. Hasta dónde hemos cooperado nosotros con sus intentos es cuestionable. Pablo nunca escribió a grupos denominacionales concretos: "a la iglesia bautista en Corinto" o "la iglesia pentecostal en Corinto". Supongamos que Pablo escribiera a "la iglesia" en su ciudad. ¿En qué iglesia sería entregada esa carta?

3. La base de la lealtad a un líder humano concreto

Algunos ejemplos obvios de personas que se congregan sobre esta base son denominaciones específicas que se han edificado sobre las enseñanzas y el ejemplo de destacados líderes en la historia de la iglesia, como Martín Lutero o John Wesley. Doy gracias al Señor por los grandes hombres de Dios; sin embargo, el Nuevo Testamento no autoriza que los creyentes se congreguen sobre la base de la asociación con un líder humano.

De hecho, Pablo descarta esta idea: *"Cada uno de vosotros dice: Yo soy de Pablo; y yo de Apolos; y yo de Cefas; y yo de Cristo. ¿Acaso está dividido Cristo? ¿Fue crucificado Pablo por vosotros? ¿O fuisteis bautizados en el nombre de Pablo?"* (1 Corintios 1:12–13). Lo que Pablo da a entender es que hay solamente un nombre de importancia, y ese es el nombre de Jesucristo.

Un llamado a una nueva Reforma

¿Puede ver la relación entre las prácticas de los reyes de Judá en el Antiguo Testamento y las prácticas de la iglesia en el siglo XXI? ¿Hemos creado en la iglesia actual nuestros propios "lugares altos" en los cuales adorar a Dios, lugares que Él mismo no ha escogido?

Creo personalmente que Dios anhela que haya una reforma en la iglesia que derribe esos lugares altos. Si entiendo la revelación de la Escritura, nuestros lugares altos modernos continuamente provocan a Dios, al igual que Él era continuamente provocado por los reyes de Judá que le adoraban pero que no quitaron los lugares altos. Dios no rechaza nuestra adoración si nos congregamos como bautistas, pentecostales, luteranos o metodistas, pero creo que eso le provoca. No es lo que Él quiere. Él está esperando a que los lugares altos sean derribados.

Permítame dar seguimiento a esta idea llevando nuestra atención a Hechos 15. Este capítulo describe una famosa reunión de líderes en la iglesia primitiva que se realizó en Jerusalén para decidir cómo debía responder la iglesia a los gentiles que se habían convertido en creyentes. (A propósito, este problema es el contrario en la actualidad. Hace años, la denominación de Asambleas de Dios realizó una reunión para decidir si sus iglesias podían aceptar a creyentes mesiánicos. Finalmente, uno de los líderes se puso de pie y dijo: "Hermanos, ellos nos han aceptado, ¡nosotros tenemos que aceptarlos a ellos!". De esta manera, la historia ha cerrado el círculo).

La controversia en Hechos 15 llegó a una conclusión por parte de Jacobo, quien hizo la siguiente afirmación en la cual citó al profeta Amós:

Y cuando ellos callaron, Jacobo respondió diciendo: Varones hermanos, oídme. [Jacobo no fue exactamente modesto; sabía que tenía algo que decir de parte de Dios]. *Simón [Pedro] ha contado cómo Dios visitó por primera vez a los gentiles, para tomar de ellos pueblo para su nombre. Y con esto concuerdan las palabras de los profetas, como está escrito* [y aquí citó a Amós]: *Después de esto volveré y reedificaré el tabernáculo de David, que está caído, y repararé sus ruinas, y lo volveré a levantar, para que el resto de los hombres busque al Señor, y todos los gentiles, sobre los cuales es invocado mi nombre. Dice el Señor, que hace conocer todo esto desde tiempos antiguos.*

(Hechos 15:13–18)

El "tabernáculo de David"

Notemos la afirmación central en el pasaje anterior de la Escritura que Jacobo citó de Amós: *"Después de esto volveré y reedificaré el tabernáculo de David"*; no el tabernáculo de Moisés ni tampoco el templo de Salomón, sino el tabernáculo de David. ¿Donde fue construido el tabernáculo de David? En Jerusalén, el lugar donde Dios había escogido poner su nombre. Este pasaje nos da la base bíblica para toda la era de la iglesia gentil. Es la reconstrucción del tabernáculo de David.

He escuchado muchos mensajes que iluminan las diferencias entre el tabernáculo de Moisés y el tabernáculo de David. En el tabernáculo de Moisés, se permitía la adoración solo durante ciertas horas del día; el tabernáculo de David estaba abierto día y noche. Al tabernáculo de Moisés solamente tenían acceso los levitas; pero en el tabernáculo de David había libertad y espontaneidad en la adoración; cualquiera podía adorar allí.

¿En qué tipo de tabernáculo podemos adorar nosotros como hijos de Dios? El tabernáculo de David.

¿Cuál era la esencia del tabernáculo de David? Alabanza.

¿Cuál fue el resultado del tabernáculo de David? El libro de Salmos.

Para la iglesia gentil, nuestra verdadera carta de libertad es la reconstrucción del tabernáculo de David. Sin embargo, nuestro énfasis aquí no está en la construcción sino en el lugar donde Dios ha escogido poner su nombre.

En nuestra dispensación, el asunto clave para nosotros es el siguiente: ¿dónde ha escogido Dios poner su nombre? La respuesta no está en un edificio, tampoco en una nacionalidad, en una denominación o en las enseñanzas de un líder humano en particular. Dios ha puesto su nombre en una Persona, y esa Persona es Jesucristo. ¿Dónde estamos autorizados a congregarnos? "En" el nombre de Jesús. Debemos congregarnos en torno a la Persona invisible de Jesús, quien se reúne con nosotros cuando somos guiados juntos por el Espíritu de Dios hacia su nombre.

Cuando nos arrepintamos de haber acudido a "lugares altos" de adoración, rechazándolos como la base para congregarnos juntos como cristianos, quitaremos las barreras que nos han estado reteniendo de cumplir nuestro llamado como pueblo de Dios en el mundo.

CAPÍTULO CATORCE

LA PRIMACÍA DEL ESPÍRITU SANTO

Hemos establecido el hecho de que Jesús se reúne con nosotros cuando somos guiados juntos *por el Espíritu de Dios* hacia su nombre. Nunca debemos dejar fuera al Espíritu Santo cuando nos congregamos.

Sin embargo, es extraño que un importante fallo del movimiento carismático es que hemos desairado al Espíritu Santo. Hablamos mucho de Él, y después le ignoramos. Realizamos nuestros rituales, nuestros movimientos y nuestros programas, pero si el Espíritu Santo tiene una idea distinta, no le damos prácticamente ninguna oportunidad de guiarnos o enseñarnos. ¿Acaso no es eso cierto con frecuencia? Puede que nos resulte difícil darnos cuenta de ello, pero nos guste o no, en ciertos aspectos, no hay ningún grupo de creyentes más ritualista que los carismáticos. La única diferencia es que nosotros no tenemos una liturgia *escrita*.

En una ocasión escuché decir a un joven: "Yo comencé una iglesia". Me estremecí. Quise decirle: "¿Comenzó usted una iglesia? ¡Usted es un bobo! ¡Usted es un mocoso! ¿Cree que puede comenzar usted una iglesia?". Nadie comienza iglesias salvo Jesús y el Espíritu Santo. Nosotros podemos organizar. Nosotros podemos planear. Nosotros podemos fomentar. Nosotros podemos construir. Pero las iglesias son prerrogativa del Señor. Él *"lo dio por cabeza sobre todas las cosas a la iglesia, la cual es su cuerpo, la plenitud de Aquel que todo lo llena en todo"* (Efesios 1:22–23).

Tal como entiendo la enseñanza de Pablo en Efesios, una iglesia verdadera está construida sobre un fundamento de apóstoles y profetas que fueron designados por Cristo y guiados por el Espíritu (véase Efesios 2:20–22; 4:11–12). Cuestiono si cualquier cosa construida sobre otro fundamento es reconocida por Dios como una iglesia. Personalmente creo que hay cientos de miles de grupos y edificios en Estados Unidos que las personas llaman iglesias, pero que Dios no las reconoce como tales, pues no cumplen el requisito básico de Él. Es momento de permitir que el Espíritu Santo haga las cosas a su manera.

¿Entiende quién es el Espíritu Santo? ¿Reconoce que Él es una Persona? Él tiene la llave del almacén de Dios. Toda la riqueza de Dios Padre y Dios Hijo es administrada por el Espíritu. ¡Vale la pena hacer amistad con Él! Usted puede ser un hijo de Dios pero vivir como un pobre hasta que sea amigo del Espíritu Santo. Él es muy sensible. Al igual que una paloma, es espantado con facilidad. Si usted desarrolla la actitud o motivación equivocadas, la Paloma se aleja volando.

Hay solo una naturaleza donde reposará la Paloma, y es la naturaleza de Jesucristo. Juan el Bautista dijo de Jesús: *"He aquí el Cordero de Dios…"* (Juan 1:29). Después dijo: *"Vi al Espíritu que descendía del cielo como paloma, y permaneció sobre él"* (versículo 32). ¿Cuál es la naturaleza del Cordero de Dios? En mi sencillo entendimiento, el Cordero personifica tres características: pureza, mansedumbre y una vida entregada sacrificialmente. El Espíritu Santo permanecerá sobre una naturaleza que tenga esas características.

Usted puede ser tocado por el Espíritu Santo un momento pero, diez minutos después, encontrarse lejos de Él, porque Él escoge muy bien dónde reposa. Recuerde lo que enfaticé de Mateo 18:20 en la "Versión Prince": "Tantos como han sido guiados por el Espíritu Santo hacia el nombre de Jesús…". Jesús esencialmente dijo: "Pueden contar con que yo estaré allí, pero deben cumplir las condiciones". Nuestro lugar de reunión no es el bautismo con el Espíritu Santo, hablar en lenguas, el bautismo en agua ni el legado de Lutero, Calvino, Wesley o ninguna otra persona. Nuestro lugar de reunión es el nombre de Jesús.

Puede usted creer que lo que estoy diciendo es verdad. La pregunta es: ¿qué va a hacer usted al respecto? Nos corresponde a cada uno de nosotros dar una respuesta a esta verdad.

Nuestro Compañero, nuestro Amigo

¿Cómo respondemos a este desafiante asunto de ser guiados por el Espíritu Santo hacia el nombre de Jesús? Obtenemos cierta perspectiva útil en Salmos 122, en el cual tenemos una increíble descripción de Jerusalén solamente en dos versículos:

> *Jerusalén, que se ha edificado como una ciudad que está bien unida entre sí. Y allá subieron las tribus, las tribus de JAH, conforme al testimonio dado a Israel, para alabar el nombre de Jehová.*
>
> (Salmos 122:3–4)

El término hebreo que se ha traducido como "*edificado*" es una hermosa palabra. Es la palabra de la cual obtenemos la palabra hebrea moderna *chabar*. Significa "un compañero", "un amigo íntimo".

¿Ve lo que hace que Jerusalén sea importante? Es el lugar donde el Señor ha puesto su nombre. Y cuando las tribus de Israel iban a la ciudad de Jerusalén tres veces al año, tal como Dios había ordenado, estaban testificando: "El Señor que habita en Jerusalén, el Señor que ha puesto su nombre en Jerusalén, es nuestro Dios. Por eso vamos todos allí. Seamos de la tribu de Benjamín, o de Manasés, o de Efraín, eso no es importante. Lo importante es nuestro destino, hacia dónde nos dirigimos. Lo importante es el lugar donde nos reunimos. Ese es el lugar donde el Señor ha establecido su nombre".

El mismo principio se aplica a nosotros hoy día. Cuando nosotros, como pueblo de Dios, nos congregamos en el nombre del Señor, estamos testificando acerca de quién es nuestro Dios. Además, cuando estamos donde pertenecemos —en el lugar donde Dios ha puesto su nombre— y cuando le adoramos, también estamos en el lugar más fuerte y más seguro donde podemos estar para cumplir nuestras responsabilidades de librar guerra espiritual, derribar fortalezas y derrotar a Satanás.

CAPÍTULO QUINCE

ENCONTRAR NUESTRAS VERDADERAS RAÍCES

Al acercarnos a la conclusión de este libro, exploremos una fortaleza más que necesitamos derribar en nuestras vidas: la fortaleza de aferrarnos a nuestro pasado. Esta puede ser una fortaleza de orgullo por nuestra herencia o nuestros logros, o puede ser una fortaleza de sentimientos de inseguridad o vergüenza debido a un historial familiar negativo o un fracaso personal. De cualquier modo, el pasado puede atarnos y obstaculizar nuestra eficacia espiritual, si se lo permitimos.

Raíces ancestrales

En la década de 1970, el libro *Roots: The Saga of an American Family* (*Raíces: La saga de una familia norteamericana*), de Alex Haley, se hizo muy famoso y tuvo una tremenda influencia en la cultura estadounidense, inspirando una popular miniserie de televisión. El libro comenzó un movimiento de personas en busca de sus propios comienzos ancestrales familiares. Aunque yo soy británico de nacimiento, entiendo por qué, en ciertos aspectos, los estadounidenses son particularmente dados a pensar en sus raíces. Los Estados Unidos es una tierra de inmigrantes cuyas raíces están en muchos países del mundo.

He tenido amigos estadounidenses que comenzaron a estudiar sus genealogías. Entonces, muy frecuentemente, muchos de ellos detenían repentinamente su búsqueda porque descubrían algo negativo en su árbol familiar, quizá algún familiar que hubiera estado en la cárcel, o alguien que hubiera sido acusado o condenado por un delito horrendo.

En Australia, es una historia totalmente distinta. Para ser realmente "respetable", ¡uno tiene que tener a un condenado como ancestro! Como escribí anteriormente, Australia fue fundada como un asentamiento para condenados. Cuando los oficiales británicos ya no podían seguir mandando condenados a América, los enviaban a Australia. Un residente en Tasmania, la pequeña isla de Australia, me dijo bastante seriamente: "Cualquiera que sea alguien aquí tiene que tener a un condenado como ancestro".

Lo que quiero decir es que las personas con frecuencia tienen un fuerte deseo de saber, en general, de dónde provienen, cuáles son sus raíces; y creo que Dios puso ese deseo en nuestro interior. Sin embargo, cuando no nos gusta lo que descubrimos acerca de nuestras raíces, eso puede influenciar el modo en que pensamos de nosotros mismos e incluso obstaculizar nuestra eficacia para librar guerra espiritual.

Nuestra maravillosa herencia espiritual

Uno de los grandes problemas de multitudes de personas en la actualidad, en particular de jóvenes, es que no tienen raíces: en realidad no saben de dónde provienen, dónde pertenecen o dónde encajan. Quiero decirle que, como cristianos, tenemos fuertes raíces espirituales que necesitamos reconocer. Está bien echar la vista atrás y mirar a Wesley, Lutero o Calvino; pero no es ahí donde están nuestras raíces. Tenemos raíces que se remontan mucho más lejos en la historia que eso.

Leamos el siguiente pasaje del libro de Romanos, en el cual Pablo escribía a gentiles (los cuales somos la mayoría de nosotros):

Pues si algunas de las ramas [los verdaderos israelitas] *fueron desgajadas* [de su propio "olivo" por la incredulidad], *y tú, siendo olivo silvestre, has sido injertado en lugar de ellas, y has sido hecho participante de la raíz y de la rica savia del olivo, no te jactes contra las ramas; y si te jactas, sabe que no sustentas tú a la raíz, sino la raíz a ti.*

(Romanos 11:17–18)

Lo que Pablo dijo es una advertencia necesaria para la iglesia contemporánea: nunca debemos volvernos arrogantes hacia Israel. Nuestras raíces están en los patriarcas, en Abraham, Isaac y Jacob, en la fe de ellos en Dios y en sus bendiciones de parte de Él. Tenemos un maravilloso sistema de raíces, que ha soportado durante miles de años de tumultuosa historia.

¿Sabía que ningún otro árbol vive más tiempo que un olivo? Ese es el árbol del que Pablo hablaba: el olivo del pueblo escogido de Dios, fundado en un hombre llamado Abraham, el padre de una gran multitud, el padre de una nueva nación. Puede que le avergüence su genealogía humana, pero recuerde siempre que, en Jesucristo, las cosas viejas pasaron: *"De modo que si alguno está en Cristo, nueva criatura es; las cosas viejas pasaron; he aquí todas son hechas nuevas. Y todo esto proviene de Dios…"* (2 Corintios 5:17–18).

Nuevos ancestros espirituales

Me entristece cuando conozco a cristianos que carecen de un sentimiento de autoestima y seguridad porque no están satisfechos del trasfondo familiar que tienen. Debemos entender que nuestra genealogía natural es lo *"viejo"* que ha pasado. Hemos sido injertados en el propio olivo de Dios, de modo que tenemos nuevos ancestros espirituales. Nuestra genealogía se remonta hasta los hombres a quienes Dios escogió para ser el sistema de raíces de un pueblo que había de soportar a lo largo de la historia y a lo largo de todas las épocas.

Algunas personas sí sienten orgullo o satisfacción por su herencia natural. Por ejemplo, yo podría estar satisfecho de mis ancestros en el sentido natural. Nací de padres británicos, y todos mis ancestros varones han sido oficiales en el ejército británico. Pero tengo un sistema de raíces mucho mejor que eso. Está en Abraham. Considere las siguientes palabras:

> *Y recibió [Abraham] la circuncisión como señal, como sello de la justicia de la fe que tuvo estando aún incircunciso; para que fuese padre de todos los creyentes no circuncidados [no judíos], a fin de que también a ellos la fe les sea contada por justicia.*
>
> (Romanos 4:11)

¿Quién es nuestro *"padre"*, si somos creyentes? Abraham. Como mayor confirmación, leemos la siguiente declaración:

Y si vosotros sois de Cristo, ciertamente linaje de
Abraham sois, y herederos según la promesa.

(Gálatas 3:29)

Tenemos una herencia maravillosa. No hay nadie que pueda "señorear sobre nosotros". Puede que se
encuentre usted con familias aristocráticas de Europa
cuyos ancestros se remontan hasta mil años. Pero, en
Abraham, nos remontamos cuatro mil años (y mucho
más que eso con respecto a los planes eternos de Dios).
Nuestro pedigrí está trazado en la Biblia, y eso es algo
por lo cual estar emocionados. Si los cristianos pudieran
entender en lo que se han convertido en Jesucristo, no
tendríamos muchos de los problemas de inseguridad y
falta de autoestima que inquietan a las personas.

Amados por Dios

Leamos ahora un pasaje adicional que revela cuán
profundamente Dios nos atesora. Se encuentra en un
hermoso salmo mesiánico, y es una imagen del Mesías.
Hay solamente una Persona que se corresponde con la
persona descrita en este salmo, y es Jesucristo, el Hijo
de Dios, el Mesías de Israel. Es muy importante que vea
usted esta imagen, porque es maravillosa:

Rebosa mi corazón palabra buena; dirijo al rey
mi canto; mi lengua es pluma de escribiente muy

ligero. [Esta siguiente afirmación está dirigida al
Rey, que es Jesús:] *Eres el más hermoso de los hijos
de los hombres; la gracia se derramó en tus labios;
por tanto, Dios te ha bendecido para siempre.*

(Salmos 45:1–2)

Notemos el término *"por tanto"*. ¿Por qué bendijo
Dios a Jesús? Debido a la gracia de sus labios.

*Ciñe tu espada sobre el muslo, oh valiente, con tu
gloria y con tu majestad. En tu gloria sé prosperado; cabalga sobre palabra de verdad, de humildad
y de justicia* [esto se refiere al rey de Dios], *y tu
diestra te enseñará cosas terribles. Tus saetas agu-
das, con que caerán pueblos debajo de ti, penetra-
rán en el corazón de los enemigos del rey* [esto se
refiere a una convicción de pecado]. *Tu trono, oh
Dios, es eterno y para siempre.* (Salmos 45:3–6)

Por favor, observe que aquí se hace referencia a Jesús
como Dios. ¡Que el pueblo judío pudiera ver eso! Este
es el Rey mesiánico, y es denominado Dios. Volvamos a
leer esa afirmación mientras continuamos:

*Tu trono, oh Dios, es eterno y para siempre; cetro
de justicia es el cetro de tu reino. Has amado la
justicia y aborrecido la maldad; por tanto, te ungió*
[bendijo] *Dios...*   (Salmos 45:6–7)

Estas palabras están dirigidas de parte de Dios a Dios: "Dios te ha bendecido, Dios". Eso nos muestra que hay al menos dos Personas que son llamadas Dios. ¿Y por qué ha bendecido Dios a Dios? Porque *"has amado la justicia y aborrecido la maldad; por tanto, te ungió [bendijo] Dios"*. Esa es una manera de ser bendecido: amar la justicia y aborrecer la maldad.

> *Por tanto, te ungió Dios, el Dios tuyo, con óleo de alegría más que a tus compañeros. Mirra, áloe y casia exhalan todos tus vestidos; desde palacios de marfil te recrean.* (Salmos 45:7–8)

Ahora, por favor preste atención al versículo siguiente, porque es la conclusión a la cual hemos estado llegando:

> *Hijas de reyes están entre tus ilustres; está la reina a tu diestra* [el lugar correcto en la ceremonia del matrimonio judío] *con oro de Ofir.* (Salmos 45:9)

¿Quién es la reina novia? Es la iglesia: nosotros. Después está el consejo que se relaciona con lo que he estado diciendo sobre nuestra búsqueda de nuestras raíces terrenales:

> *Oye, hija, y mira, e inclina tu oído; olvida tu pueblo, y la casa de tu padre…* (Salmos 45:10)

El salmista estaba diciendo: "Olvida de dónde provienes; no es relevante". ¿Acaso podría estar más claro? Ya no debemos enredarnos más por nuestra nacionalidad, nuestra denominación u otros aspectos de nuestro trasfondo. A fin de calificarnos para ser la novia de Cristo, debemos salir de todo eso.

Olvida tu pueblo, y la casa de tu padre; y deseará el rey tu hermosura; e inclínate a él, porque él es tu señor. (Salmos 45:10–11)

Esa es una imagen de lo que Jesús quiere que seamos. ¿Cómo lo logramos? Al no poner el fundamento de nuestra vida o nuestra autoestima en la casa de nuestro padre y en nuestro propio pueblo, y al entrar en nuestra maravillosa herencia espiritual.

Príncipes y gobernantes

Cuando Dios me llamó cuando era un joven de unos treinta años, yo estaba en lo que entonces era Palestina. Había estado en el extranjero durante la Segunda Guerra Mundial durante cuatro años y medio, y tenía derecho a solicitar que el ejército británico me enviase de nuevo a Bretaña. Sin embargo, sentí que Dios me había llamado a quedarme en esa tierra y servirle allí. En aquel momento, yo estaba en la encrucijada entre regresar a Inglaterra y ver a mis padres y otros familiares, en particular a mi abuelo que estaba moribundo, u obedecer el llamado de Dios.

Uno de los versículos que Dios me dio en aquel momento por medio de un amigo cristiano fue el que acabamos de leer: *"Olvida tu pueblo, y la casa de tu padre; y deseará el rey tu hermosura".* Por lo tanto, rehusé el derecho a mi pasaje para regresar a Bretaña. También decliné todo aquello a lo que tenía derecho en mi profesión secular en Cambridge. Entregué mi trasfondo.

Podría haber regresado a Cambridge y haber sido profesor allí durante el resto de mi vida, tener un puesto muy honorable y digno en el mundo académico; pero renuncié a mi trasfondo familiar y profesional porque había sido injertado en otra línea familiar. Tenía un nuevo sistema de raíces; y estoy orgulloso de él.

La promesa final que leeremos en Salmos 45 se encuentra en el versículo 16:

> *En lugar de tus padres serán tus hijos, a quienes harás príncipes en toda la tierra.*

No nos preocupemos tanto por el pasado. No estemos tan interesados en nuestro historial ancestral o eclesiástico, o en nuestros logros académicos o vocacionales. En cambio, debemos enfocarnos en el hecho de que Dios nos dará "hijos", su pueblo y su obra, que llegarán a ser como príncipes, gobernantes para Dios en toda la tierra.

Destruya los lugares altos en su vida

Tenemos que tomar una decisión. ¿Vamos a quedarnos con los lugares altos? ¿Vamos a mantener los lugares de adoración que son esencialmente denominacionales? ¿Vamos a estar atados siempre por esas cosas? ¿O vamos a destruir los lugares altos y declarar que hay solamente una manera de congregarnos que es aceptable a Dios: ser guiados juntos por el Espíritu de Dios hacia el nombre de Jesús?

Debería estar claro para usted ahora que este último paso honra al Espíritu Santo; honra a Jesús; honra a Dios Padre. Cuando nos congregamos sobre cualquier otra base, no es lo mismo. Dios es muy misericordioso; Él es muy paciente, al igual que lo fue con los reyes que permitieron la adoración en los lugares altos. Pero durante todo ese tiempo, Él anhelaba un rey que llevase a cabo la reforma y quitase los lugares altos.

Personalmente, creo que el Señor está revelando dónde estamos situados en este mover de Dios. Hemos llegado hasta cierto punto, y sin embargo algunos de nosotros hemos regresado al denominacionalismo. Esa no es la voluntad de Dios. La voluntad de Dios es quitar los lugares altos; todo eso no significa que no pueda usted decir: "Yo era luterano" o "Yo era bautista", o un miembro de alguna otra denominación. Puede usted darnos su historial, pero no permita que ese historial dicte su conducta. Olvide la casa de su padre y su propio pueblo, y el Rey deseará su hermosura. De esta manera, quitará usted los lugares altos que evitan que entre en su herencia plena como amado de Cristo.

Entonces, al estar seguro en su posición en Jesús y al ser edificado en el Espíritu, vivirá en su amor y su poder, y podrá derribar las fortalezas del enemigo. Como Jesús declaró: *"Edificaré mi iglesia; y las puertas del Hades no prevalecerán contra ella"* (Mateo 16:18).

HAGA SU DEC

En este libro hemos examinado dos aspectos clave de la guerra espiritual que puede que usted no haya considerado antes: derribar fortalezas (individuales y nacionales) y quitar los lugares altos. Representan dos actividades espirituales muy importantes que le capacitarán para librar batallas individuales en la guerra espiritual y participar junto con otros cristianos en batallas colectivas cuando se reúnen en el nombre de Jesús, derribar fortalezas nacionales y quitar los lugares altos.

Ha llegado el momento para la acción. La oración y la declaración son buenas maneras de incorporar a su vida espiritual y su destino los principios que hemos examinado. ¿Querrá unirse a mí para hacer las siguientes declaraciones?

Señor, reconozco que en virtud de mi relación contigo, he entrado en la guerra espiritual activa con el reino de Satanás. Mi primer paso es declarar mi absoluta lealtad a ti, Señor Jesús,

..án de las huestes del Señor, y mi Señor
..vador. Me entrego a ti y a tu liderazgo sin
..servas, y pongo mi vida totalmente en tus
manos.

Como explica tu Palabra, me equipo ahora
con toda la armadura de Dios para poder salir
victorioso en esta batalla. También derribo, en
el nombre de Jesús, cualquier fortaleza u hombre fuerte en mi vida que me obstaculice. Señor
Jesús, ayúdame en esta batalla, para que pueda
seguirte sin obstrucción.

A continuación, Señor, quito cualquier lugar alto en mi vida que me pueda estar obsta-
culizando; cualquier lealtad a un viejo patrón o
práctica religiosa que pueda ser ofensivo para ti.
Lo entrego ahora, Señor, y lo pongo a tus pies.
Me uniré con mis hermanos creyentes para
congregarnos juntos en ese único lugar que
Dios Padre ha autorizado para adoración: en el
poderoso nombre de Jesús.

Ahora, Señor, todo lo que soy y todo lo que
tengo lo entrego plenamente a ti. Me ofrezco
a ti como alguien que participará en la guerra
espiritual por amor a tu reino, que derribará

fortalezas en tu nombre; no solo fortalezas individuales sino también nacionales. Y seré alguien que quita los lugares altos en mi propia vida y en el ámbito de la iglesia.

Por favor, úsame, por causa de tu reino y de tus propósitos eternos. ¡Amén!

ACERCA DEL AUTOR

Derek Prince (1915–2003) nació en India de padres británicos. Estudió como erudito de griego y latín en Eton College y King's College, Cambridge, en Inglaterra. Tras su graduación, se tituló en filosofía antigua y moderna en King's College, Cambridge. Prince también estudió hebreo, arameo e idiomas modernos en Cambridge y en la Universidad Hebrea en Jerusalén. Cuando era estudiante, era filósofo y se autoproclamaba agnóstico.

Mientras prestaba servicio en el Cuerpo Médico Británico en la Segunda Guerra Mundial, Prince comenzó a estudiar la Biblia como una obra filosófica. Convertido mediante un poderoso encuentro con Jesucristo, fue bautizado en el Espíritu Santo unos días después. Debido a ese encuentro, sacó dos conclusiones: primera, que Jesucristo está vivo; segunda, que la Biblia es un libro verdadero, relevante y actual. Esas conclusiones alteraron todo el curso de su vida, la cual, desde entonces en adelante, dedicó a estudiar y enseñar la Biblia como la Palabra de Dios.

Dado de baja del ejército en Jerusalén en 1945, contrajo matrimonio con Lydia Christensen, fundadora de un hogar para niños en ese lugar. Tras casarse, inmediatamente se convirtió en el padre de las ocho hijas adoptivas de Lydia: seis judías, una árabe palestina y una inglesa. Juntos, la familia vio el renacimiento del estado de Israel en 1948. A finales de 1950, la familia Prince adoptó otra niña mientras Derek estaba sirviendo como director de una universidad para la formación de maestros en Kenia.

En 1963, la familia Prince emigró a los Estados Unidos y pastorearon una iglesia en Seattle. En 1973, Prince se convirtió en uno de los fundadores de Intercessors for America [Intercesores por América]. Su libro *Shaping History through Prayer and Fasting* [Moldeando la historia mediante la oración y el ayuno] ha despertado a cristianos en todo el mundo a su responsabilidad de orar por sus gobiernos. Muchos consideran las traducciones clandestinas de este libro fundamentales para la caída del régimen comunista de la URSS, Alemania Oriental y Checoslovaquia.

Lydia Prince murió en 1975, y Derek se casó con Ruth Baker (una madre soltera con tres hijos adoptados) en 1978. Conoció a su segunda esposa, como a su primera, mientras estaba sirviendo al Señor en Jerusalén. Ruth murió en diciembre de 1998 en Jerusalén, donde habían vivido desde 1981.

Hasta unos pocos años antes de su propia muerte en 2003 a los ochenta y ocho años de edad, Prince persistió en el ministerio al que Dios le había llamado viajando por el mundo, impartiendo la verdad revelada de Dios, orando por los enfermos y afligidos y compartiendo sus perspectivas proféticas de eventos mundiales a la luz de las Escrituras. Internacionalmente reconocido como erudito de la Biblia y patriarca espiritual, Derek Prince estableció un ministerio de enseñanza que abarcó seis continentes y más de sesenta años. Es el autor de más de cincuenta libros, seiscientas enseñanzas en audio y cien enseñanzas en video, muchos de los cuales se han traducido y publicado en más de cien idiomas. Fue pionero en la enseñanza acerca de temas innovadores como las maldiciones generacionales, el significado bíblico de Israel y la demonología.

El programa de radio de Prince, que comenzó en 1979, se ha traducido a más de una docena de idiomas, y sigue tocando vidas. El principal don de Derek de explicar la Biblia y su enseñanza de una manera clara y sencilla han ayudado a edificar un fundamento de fe en millones de vidas. Su enfoque no denominacional y no sectario ha hecho que su enseñanza sea igualmente relevante y útil para personas de todo trasfondo racial y religioso, y se calcula que su enseñanza ha alcanzado a más de la mitad del planeta.

En 2002, él dijo: "Es mi deseo, y creo que también el del Señor, que este ministerio continúe la obra, la cual Dios comenzó a través de mí hace sesenta años, hasta que Jesús regrese".

Derek Prince Ministries International continúa alcanzando a creyentes en más de 140 países con las enseñanzas de Derek, cumpliendo el mandato de seguir adelante "hasta que Jesús regrese". Eso se logra mediante las actividades de más de cuarenta y cinco oficinas Derek Prince en todo el mundo, incluyendo trabajo primario en Australia, Canadá, China, Francia, Alemania, Holanda, Nueva Zelanda, Noruega, Rusia, Sudáfrica, Suiza, Reino Unido y los Estados Unidos. Para obtener información actual sobre estas y otras ubicaciones en el mundo, visite www.derekprince.com.